Gli antichi astronauti: dèi per il mondo antico, alieni per quello moderno.

Segnali dal passato, prove inconfutabili dal presente, profezie per il futuro. Alla ricerca del sapere perduto.

di

Francesco **TOSCANO**

Terza Edizione – Revisione del 20 giugno 2013.
Prima Edizione pubblicata nel mese di Maggio del 2012.

ISBN: 978-1-291-45430-7
http://www.lulu.com

In copertina:

Fronte: Collage di OOPArt e le incisioni rupestri della Val Camonica sito UNESCO n. 94.

Retro: La Piramide della Luna, presso Teotihuacán, il più grande sito archeologico precolombiano del Nord America, dichiarato Patrimonio dell'umanità dall'UNESCO nel 1987.

© 2012, Francesco **TOSCANO**.
Sito web e blog dell'autore:
http://www.siciliaterradelsole.com/
http://www.anticoastronauta.blogspot.it/
Pagina Facebook dell'autore:
http://www.facebook.com/pages/A-proposito-degli-alieni/258389810891678
Twitter dell'autore:
http://twitter.com/#!/ftoscano1969
E-mail dell'autore:
francescotoscano1969@gmail.com

Indice

Introduzione

Milioni di persone in tutto il mondo credono che in passato siamo stati visitati da esseri extraterrestri. E se fosse vero? Questo libro nasce proprio per questo motivo, cercare di dare una risposta, qualora ve ne fosse ancora bisogno, al quesito anzidetto. L'archeologia spaziale, o archeologia misteriosa, è definibile come la ricerca delle tracce, sotto forma di particolari reperti archeologici o delle testimonianze tramandate nel corso dei millenni, di presunti sbarchi sulla Terra di visitatori extraterrestri avvenuti all'alba della nostra civiltà. Per questo suo rivolgersi al passato, tale disciplina può essere considerata parte, o complemento della Clipeologia.

Gli studiosi di questa nuova "scienza" di frontiera, volta a indagare la presenza di extraterrestri nel passato dell'umanità, hanno dissertato e continuano a discutere circa la possibilità che civiltà aliene, presumibilmente abitanti di mondi disseminati nella nostra Galassia (la Via Lattea), in epoca remota, dopo essere atterrati nel nostro piccolo mondo, abbiano favorito l'evoluzione della nostra civiltà, se non, addirittura, "creato" l'uomo con ardite operazioni di biogenetica. Tale teoria rientra nella cosiddetta "ipotesi extraterrestre", secondo la quale all'origine della civiltà umana vi sarebbe un popolo alieno, proprio come sostengono le varie mitologie quando parlano di "Dèi venuti dal Cielo". I visitatori spaziali avrebbero fornito ai terrestri le conoscenze necessarie per iniziare il loro lungo cammino verso la civiltà; poi, compiuta la missione, sarebbero ritornati al loro mondo sperduto nella Galassia.

E' la tesi sostenuta dai "teorici degli antichi astronauti" e sembrerebbe, oggi, una valida risposta alla domanda che sempre di più gli uomini del nostro tempo si pongono: "Siamo soli nel silenzio dell'Universo?"

Le teorie sul contatto delle antiche civiltà umane con gli extraterrestri sono divenute popolari dagli anni Sessanta - Settanta del secolo scorso, con la pubblicazione dei libri di Erich von Däniken[1] e Peter Kolosimo[2] e in particolare dei bestseller di Kolosimo "*Non è terrestre*" (1969) e "*Astronavi sulla preistoria*" (1972), sebbene il substrato di tali idee fosse nato alla fine degli anni Cinquanta con il sorgere dell'ufologia. Questi libri sostengono che la storia dell'umanità abbia potuto iniziare solo grazie all'avvento di popolazioni extraterrestri sovrasviluppate, che avrebbero fatto dono all'uomo della civiltà. Il primo contatto dell'umanità con esseri alieni dovrebbe essere avvenuto in tempi assai remoti, influenzando in modo decisivo il corso delle antiche civiltà, e in particolare di quella Sumera, Maya, Inca, Azteca, Greca, e della più antica civiltà indiana. Tale posizione, nota come "teoria del paleocontatto", è stata usata da vari autori, dopo von Däniken e Kolosimo, come ad esempio dal professor

---

[1] **Erich von Däniken** (Zofingen, 14 aprile 1935) è uno scrittore svizzero. È noto per i suoi libri di archeologia misteriosa ed è uno dei principali sostenitori della cosiddetta "teoria degli antichi astronauti".

[2] **Peter Kolosimo**(pseudonimo di **Pier Domenico Colosimo**; Modena, 15 dicembre 1922–Milano, 23 marzo 1984) è stato uno scrittore e giornalista italiano. Noto divulgatore, è considerato uno dei fondatori dell'archeologia misteriosa (anche nota come *fanta-archeologia* o *pseudoarcheologia*), un controverso filone che si propone di studiare le origini delle antiche civiltà utilizzando teorie e metodi spesso non accettati dalla comunità scientifica, e in particolare della teoria degli antichi astronauti, che ipotizza il contatto di civiltà extraterrestri con le antiche civiltà umane.

Zecharia Sitchin[3], in una serie di libri presto divenuti best seller[4] a testimonianza dell'interesse popolare.

---

[3]**Zecharia Sitchin** (Baku, 11 luglio 1922 – New York, 9 ottobre 2010) è stato uno scrittore azero naturalizzato statunitense. È stato autore di molti libri di divulgazione sulla cosiddetta archeologia misteriosa o pseudoarcheologia, ed è un sostenitore della "teoria dell'antico astronauta" come spiegazione dell'origine dell'uomo. Le controverse teorie di Sitchin, basate sulla sua personale interpretazione dei testi sumeri, sono considerate pseudoscienza dalla comunità scientifico-accademica.

[4] *Il pianeta degli dei*, Milano, Edizioni Piemme, 1983, 1998, 2001, 2004, 2006, ISBN 8827209271, ISBN 8838430543, ISBN 8838443688, ISBN 8838481075, ISBN 8838479410(*The 12th Planet*, New York City, Harper Collins, 1976).

Le astronavi del Sinai, Milano, Edizioni Piemme, 1998, 2001, 2004, ISBN 8838440298, ISBN 8838448124, ISBN 8838481083 (*The Stairway to Heaven*, New York City, Avon Books, 1980).

Guerre atomiche al tempo degli dei, Milano, Edizioni Piemme, 1999, ISBN 8838443947 (*The Wars of Gods and Men*, New York City, Avon Books, 1985).

Il codice del cosmo, Milano, Edizioni Piemme, 2010, ISBN 9788838469527 (*The Cosmic Code*, New York City, Avon Books, 1998).

Gli dei dalle lacrime d'oro, Milano, Edizioni Piemme, 2000, ISBN 9788856622102 (*The Lost Realms*, New York City, Avon Books, 1990).

Gli architetti del tempo, Milano, Edizioni Piemme, 2005, ISBN 9788856625141 (*When Time Began*, New York City, Harper Collins, 1993).

L'altra Genesi, Milano, Edizioni Piemme, 2006 (*Genesis Revisited: Is Modern Science Catching Up With Ancient Knowledge?*, New York City, Avon Books, 1990).

La Bibbia degli Dei, Milano, Edizioni Piemme, 2007 (*Divine Encounters: A Guide to Visions, Angels and Other Emissaries*, New York City, Avon Books, 1995).

Il libro perduto del Dio Enki, Milano, Edizioni Piemme, 2004 (*The Lost Book of Enki: Memoirs and Prophecies of an Extraterrestrial god*, Bear & Company, 2001).

Spedizioni nell'Altro Passato, Milano, Edizioni Piemme, 2005 (*The Earth Chronicles Expeditions*, Bear & Company, 2004).

Nelle pagine che seguono, dopo la pubblicazione del libro *"A proposito degli alieni...."*, edito da lulu.com negli Stati Uniti d'America (ISBN 9781470949440) nel 2011, e da Photocity.it in Italia (ISBN 9788866822080) nel 2012, l'autore cercherà di corroborare, attraverso un lungo, articolato e ipotetico viaggio a ritroso nel tempo, e attraverso l'esame e lo studio di alcuni siti archeologici, nonché l'esame di alcuni OOPart[5], "le prove"

L'ultima profezia, Milano, Edizioni Piemme, 2010 (*Journeys to the Mythical Past*, Bear & Company, 2007).

Il Giorno degli Dei. Il passato è il nostro futuro, Milano, Edizioni Piemme, 2009, ISBN 9788856612592 (*The End of Days: Armageddon and Prophecies of the Return*, New York City, William Morrow and Company, 2007).

Quando i giganti abitavano la terra, Firenze, Macro Edizioni, 2010 (*There Were Giants Upon the Earth: Gods, Demigods, and Human Ancestry: The Evidence of Alien DNA*, Bear & Company, 2010).

Le cronache terrestri rivelate - I segreti del passato sono la chiave del futuro, Milano, Edizioni Piemme, 2011, ISBN 9788856617832 (*The Earth Chronicles Handbook*, Bear & Company, 2009).

[5] OOPArt è un termine che deriva dall'acronimo inglese Out of Place Artifacts (reperti o manufatti fuori posto), coniato dal naturalista e Criptozoologista americano Ivan Sanderson per dare un nome ad una categoria di oggetti che sembrerebbero avere una difficile collocazione storica, ossia rappresenterebbero un anacronismo. Vengono classificati come OOPArt tutti quei reperti archeologici o paleontologici che, secondo comuni convinzioni riguardo al passato, si suppone non sarebbero potuti esistere nell'epoca a cui si riferiscono le datazioni iniziali. Da questi ritrovamenti, è nato il filone dell'archeologia misteriosa o pseudoarcheologia. La comunità scientifica non ha mai ritrovato in tali oggetti elementi o prove che le facessero apparire come "fuori dal tempo", relegando le interpretazioni volte a sottolineare presunti anacronismi nell'ambito della pseudoscienza. Molti OOPArt hanno infatti ricevuto un'interpretazione assolutamente in linea con le attuali conoscenze archeologiche e scientifiche. In tutti quei casi in cui non si è data una risposta, ciò si deve al fatto che non si è ancora capito il tipo di utilizzo che aveva l'oggetto o la descrizione dell'oggetto appare fumosa e inesatta oppure non si conosce il possessore dell'oggetto tanto da farne dubitare circa l'effettiva esistenza. Nel tempo gli OOPArt sono stati usati per

dell'esistenza di presunti contatti in epoche remote fra alcune civiltà aliene e l'Homo Sapiens. Il mistero, le sue implicazioni e il fascino in esso celato suscitano da sempre una comprensibile sete di conoscenza. Non a caso la parola "mistero" è assimilabile anche al termine poetico "misterio", che deriva da "Sofia" e significa "Sapienza". Aprite le vostre menti, uscite da questa realtà che vi circonda, svuotate il cassetto della memoria per un momento affinché possiate registrare questi nuovi dati che difficilmente sono reperibili nei libri di storia, quella che ci hanno insegnato sui banchi di scuola, pesantemente condizionata dalla religione e dall'operato della Chiesa Cattolica nell'ultimo millennio, e raccolti per voi dall'autore. E così, a braccetto con il lettore, senza alcuna velleità, tenendo conto delle difficoltà oggettive che s'incontrano nell'accettare teorie così contraddittorie, si tenterà di svelare gli arcani misteri che si sono persi nella nebbia del tempo, al solo fine di ricercare la "verità", quella che sconvolge e pone degli inquietanti interrogativi: chi siamo? Da chi siamo stati creati e perché? Qual è il nostro ruolo nell'Universo oggi conosciuto, così vasto e immenso? Dove siamo diretti? La nostra cultura e le conoscenze dei nostri tempi ci salveranno dagli eventi nefasti che alcune antiche profezie di alcune civiltà precolombiane sostengono si possano verificare alla fine di quest'anno (2012, n.d.r.)? Auspicando che l'uomo possa continuare ad esistere quale entità senziente ancora per miliardi di anni, auguro a ciascuno di voi buona lettura.

Francesco TOSCANO

---

supportare le più varie teorie pseudoscientifiche come quelle ufologiche e creazioniste.

Capitolo 1

Antichi dèi. Le linee di Nazca in Perù. Il sito megalitico di Göbekli Tepe in Turchia. Il sito archeologico di Teotihuacán in Messico.

«All'inizio Eurinome[6], Dea di Tutte le Cose, emerse nuda dal Caos e non trovò nulla di solido per posarvi i piedi: divise allora il mare dal cielo e intrecciò sola una danza sulle onde. Sempre danzando si diresse verso sud e il vento che turbinava alle sue spalle le parve qualcosa di nuovo e di distinto; pensò dunque di iniziare con lui l'opera della creazione.»

Il racconto che precede è parte del mito pelasgico della creazione. Pochi ed enigmatici frammenti di questo mito pre-ellenico sopravvivono nella letteratura greca; i più importanti di essi si trovano nelle Argonautiche di Apollonio Rodio[7].

---

[6] Eurinome, divinità cosmica che secondo discusse ricostruzioni di Robert Graves sarebbe collegata con il titolo di Iahu (in lingua sumera "divina colomba", attribuito alla divinità creatrice dell'uovo cosmico nella mitologia sumera). Secondo Graves nel mito pelasgico, diffuso in tutto il bacino del Mediterraneo, la dea (il cui nome significherebbe "vagante in ampi spazi") all'inizio della creazione avrebbe volteggiato nello spazio vuoto e con la sua danza avrebbe prodotto il vento Borea. Accoppiatasi con questo, sotto forma del serpente Ofione ne sarebbe stata fecondata e si sarebbe trasformata in una colomba bianca che avrebbe deposto l'uovo cosmico, dal quale uscirono tutte le cose. Poi però Ofione si vantò di aver creato da solo il mondo, Eurinome offesa con un calcio gli spezzò tutti i denti. Eurinome rappresentava un aspetto della Grande Madre delle origini, che col passare dei secoli e delle civiltà si differenziò in una moltitudine di divinità femminili.

[7] La saga degli Argonauti si colloca in un tempo mitico anteriore alle vicende narrate da Omero: gli eroi che di essa sono protagonisti precedono di almeno una generazione quelli dei due poemi omerici. L'antefatto remoto, che Apollonio non espone, è il mito dei fratelli Elle e Frisso, figli di Atamante, che, per sfuggire ai maltrattamenti della matrigna, fuggono sul dorso di un montone dal vello d'oro che li conduce in volo attraverso il

Eurinome (*"vagante in ampi spazi"*) era l'appellativo della dea sua epifania lunare. Il suo nome sumerico era Ianu (*"divina colomba"*), un epiteto che in seguito passò a Geova come Creatore. Fu infatti una colomba che Marduk tagliò simbolicamente in due durante le Feste babilonesi della Primavera, quando inaugurò il nuovo mondo.

Altri miti riguardavano la creazione, come il mito omerico, il mito olimpico. Altri miti descrivono le cinque età dell'uomo, e la nascita dei più importanti dèi dell'Olimpo.

Prima della scienza, prima della religione, c'è il mito.

Il mito, cioè un modo fantastico di spiegare l'origine delle cose e degli uomini, gli usi, i costumi, le leggi.

Taluni dicono che Eros, uscito dall'uovo cosmico, fu il primo degli dèi, poiché senza di lui nessuno degli altri sarebbe potuto nascere; sostengono, dunque, che egli fu coevo della Madre Terra e del Tartaro, e negano che egli avesse un padre e una madre, salvo che non fosse sua madre la dea della nascita, Ilizia.

---

mare; durante la traversata Elle cade e muore in quello stretto che porta il suo nome (Ellesponto). Giunto in Colchide, Frisso decise di immolare l'animale e di affidarne la pelle ad un drago. A questo punto inizia la storia di Apollonio: Giasone, pretendente al trono di Iolco e destinato ad ucciderne l'usurpatore, lo zio Pelia, viene mandato dallo stesso (con il reale obiettivo di sbarazzarsene) in Colchide per recuperare il vello d'oro; accettato l'incarico Giasone, dopo aver raccolto una folta schiera di eroi, salpa dalla Grecia a bordo della nave Argo (da ciò "Argonautiche"). In Colchide, dopo una lunga serie di vicissitudini, Giasone verrà aiutato nello scopo da Medea, figlia del re Eeta, la quale in cambio dell'aiuto si farà sposare dall'eroe greco. Durante il viaggio di ritorno appare Apollo, apparizione questa che rassicurerà gli eroi i quali, pochi giorni dopo, approdano a Pagase, dove erano partiti.

Si tratta solo di leggende? O c'è qualcosa di più dietro ad ogni mito dei popoli antichi? Proviamo a svelare l'arcano.

Nel 1868 l'archeologo dilettante Heinrich Schliemann[8] si dedicò a cercare quella che credeva fosse la città che aveva ispirato la guerra di Troia descritta in uno dei grandi classici della letteratura, il poema epico di Omero, conosciuto come "Iliade". Scritto nell'ottavo secolo avanti Cristo, l'Iliade narra la storia di una grande guerra nata da faide e gelosie tra dèi. Anche se molti storici credevano che la guerra di Troia fosse un'invenzione frutto dell'elaborazione mentale di Omero, Heinrich Schliemann era deciso a dimostrare che il mito era una realtà.

Le scoperte di Schliemann hanno scosso il mondo dell'archeologia. Nel 1868, ritiratosi dagli affari, Schliemann si dedicò alla realizzazione dei suoi sogni, i viaggi e le scoperte archeologiche. Nel settembre del 1869, divorziato dalla moglie russa, si sposò con la giovane greca Sophia Engastromenou e nel 1870 intraprese un viaggio verso la Cina e il Giappone; in seguito si trasferì in Italia, in Grecia e infine in Turchia. Presso la collina di Hissarlik iniziò la ricerca delle mura di Troia con la

---

[8] Heinrich Schliemann nacque a Neubukow nel land del Meclemburgo-Pomerania, quinto dei nove figli del pastore protestante Ernst Schliemann (1780-1870) e di Luise, nata Bürger (1793-1831) figlia del sindaco di Sternberg. Fu originariamente battezzato con il nome Julius ma in seguito alla morte di un fratello i genitori gli attribuirono il nome del deceduto. Fu il padre a trasmettere ad Heinrich l'amore per le civiltà passate, leggendo i versi dei poemi omerici e descrivendo le gesta degli eroi antichi della leggendaria città di Troia, fino ad allora ritenuta dagli studiosi solo frutto della fantasia. Nel 1829 gli venne regalato un libro di storia per bambini e, secondo quanto affermato nella sua autobiografia, rimase impressionato da un'illustrazione raffigurante Troia in fiamme, e chiedendo lumi al padre sull'imponenza delle mura il piccolo Heinrich espresse il desiderio di ritrovarle.

collaborazione di Frank Calvert, viceconsole britannico proprietario dei terreni, che già aveva ipotizzato di poter trovare le rovine della città presso quel sito.

In quell'anno eseguì un primo scavo clandestino, suscitando le ire del governo turco. Nel 1871 ottenne l'autorizzazione a compiere le ricerche in terra turca e organizzò a proprie spese una spedizione archeologica in Anatolia, sulla sponda asiatica dello Stretto dei Dardanelli, luogo che la tradizione indicava come possibile sito della città di Troia. L'archeologo tedesco fermò la propria attenzione sulla collina di Hissarlik, un'altura in posizione favorevole per una roccaforte, dalla quale si poteva dominare tutta la piana circostante; seguendo le indicazioni e le descrizioni dei testi omerici, il 4 agosto 1872 Schliemann rinvenne vasellame, oggetti domestici, armi e anche le mura e le fondamenta non di una sola città, quella di Priamo, ma di ben altre otto città diverse, costruite l'una sulle rovine dell'altra (i risultati delle ricerche furono resi noti nel 1874 nell'opera Antichità troiane).

Se la storia di Troia scritta da Omero è vera, forse lo sono anche le altre storie di altri miti Greci? E' possibile che siano esistiti degli dèi potenti e capricciosi? E se sì, da dove venivano?

Ogni giorno in Grecia migliaia di turisti visitano i resti di templi e monumenti costruiti dai Greci, migliaia di anni fa, per onorare i loro dèi: l'Acropoli, il Partenone, Delfi, il tempio di Apollo, ecc. ecc. Questi siti storici riflettono una venerazione profonda per esseri che avrebbero dominato il mondo migliaia di anni fa. Se gli antichi Greci inventarono le storie degli dèi come tentativo primitivo di spiegare il proprio Universo, come si decifra la presenza di divinità simili in zone e culture completamente diverse di tutto il pianeta? Si tratta di coincidenze o questi dèi che scendevano dal cielo sulla terra, avevano un'origine comune?

I Sumeri ci descrivono una storia visiva di questi esseri; quest'antica civiltà mesopotamica chiamava questi esseri venuti dal cielo Anunnaki (cioè coloro che sono venuti dal cielo sulla terra).

Il monte Olimpo, la più alta montagna della Grecia: secondo la mitologia era qui che abitavano gli dèi. Sul monte Olimpo Zeus sedeva sul trono e determinava il fato dei mortali. La casa degli dèi sul monte Olimpo, la cui parte superiore si sollevava, ovunque se ne parla, è descritta come un magnifico palazzo in cima a una montagna; le mura del tempio risplendevano di oro e di argento, brillanti di luci simili a pietre preziose. Se riconsideriamo oggi, con gli occhi dell'uomo moderno, la casa degli dèi sul monte Olimpo, possiamo supporre che si trattasse di una nave spaziale, anche perché se ne parla di un luogo rombante.

Perché l'Olimpo? Una tesi sul perché l'Olimpo sia stato considerato sede degli dèi della Grecia si trova nel trattato fisico-storico dell'Aurora Boreale, un ponderoso lavoro del geometra francese Jean Jacques Dortous de Mairan[9], discepolo eretico di Padre Malebranche[10], e successore di

---

[9] Jean Jacques Dortous de Mairan (Béziers, 26 novembre 1678 – Parigi, 20 febbraio 1771) è stato un astronomo francese, successore di Bernard le Bovier de Fontenelle quale segretario dell'Acadèmie des Sciences di Parigi. Celebri nel Settecento i suoi studi sul ghiaccio e sul fenomeno dell'aurora boreale.

[10] Nicolas Malebranche (Parigi, 6 agosto 1638 – Parigi, 13 ottobre 1715) è stato un filosofo e scienziato francese. Religioso appartenente alla congregazione dell'Oratorio di Gesù e Maria Immacolata di Francia, inizialmente studioso del pensiero di Agostino d'Ippona, si dedicò in

Bernard le Bovier de Fontenelle[11] quale segretario dell'Accademia delle Scienze di Parigi[12].

Nel 1716, per oltre un decennio, nei cieli europei fu ben visibile il fenomeno dell'aurora boreale.

A esso Fontenelle riservò per cinque anni consecutivi l'apertura dell'Annuario dell'Accademia parigina delle Scienze, sottolineando tra l'altro come il fenomeno potesse chiarire anche una serie di credenze popolari:

«Quei combattimenti che alcune storie riportano, esser stati visti in cielo, quei soldati, quei carri, quelle lance infocate potrebbero benissimo non essere che questo tipo di fenomeni raccontati a partire da testimonianze popolari o abbelliti dagli storici.»

Ancora nel 1726 Fontenelle e l'Histoire de l'académie royale des sciences tornarono ad occuparsi del fenomeno in questi termini:

«La luce settentrionale che era stata così rara, almeno per noi, in tutto il secolo precedente, e nel cominciamento di questo, non è mancata di apparire tutti gli anni a partire dal 1716 e sia perché essa diventava comune, senza alcun mutamento considerevole, sia perché pareva indebolirsi, l'Accademia non ne ha quasi più parlato nei suoi ultimi volumi. Ma questo fenomeno, di cui si attendeva l'intera cessazione, è riapparso quest'anno con più splendore, forza e

---

seguito alla filosofia cartesiana, divenendo, con il filosofo olandese Arnold Geulincx (1624-1669), un importante esponente dell'occasionalismo.

11 Bernard le Bovier de Fontenelle (Rouen, 11 febbraio 1657 – Parigi, 9 gennaio 1757) è stato uno scrittore e aforista francese. Nei suoi scritti fu un anticipatore di molti temi dell'Illuminismo. La sua opera più celebre è Conversazioni sulla pluralità dei mondi (1686).

12 L'Accademia delle scienze francese o Accademia francese delle scienze o anche Accademia delle scienze di Parigi (in francese Académie des sciences de l'Institut de France o in breve Académie des sciences) è una delle società scientifiche più famose del mondo.

durata come mai prima d'ora, e con alcune circostanze del tutto nuove: è stato il più bello spettacolo che il Teatro del Cielo ci abbia mai donato e, se non fosse stato preparato da dieci anni a questa parte con scene meno brillanti, la sorpresa dei fisici e il terrore del popolo avrebbero raggiunto il culmine. Il sig. De Mairan e il sig. Godin hanno fornito ciascuno una descrizione esatta di questa magnifica rappresentazione della notte dal 19 al 20 ottobre. Un grande arco, o piuttosto un grande segmento di cerchio oscuro, attraverso il quale tuttavia si vedevano talora le stelle, posato sull'orizzonte dal lato nord, era la base, e come il deposito della luce, da cui nasceva una zona concentrica luminosa e da cui si slanciavano delle colonne verticali, della chiarità ordinaria in questo fenomeno. Ma in più esse si slanciavano da quasi tutta la circonferenza dell'orizzonte, anche dalla zona quasi in prossimità del mezzogiorno, con un'estensione che esse non hanno l'abitudine di occupare e, ciò che è anche più singolare, tali colonne si elevavano vicinissime allo Zenit, pur senza raggiungerlo, e tutte lasciavano uno spazio circolare vuoto verso lo Zenit in cui non penetravano, di modo che, succedendosi rapidamente le une alle altre, facevano un effetto pressoché continuo e sembrava che tutto il cielo fosse una volta sostenuta o formata da archi circolari luminosi che tendevano tutti al centro, ma per fermarsi in prossimità, facendogli corona. Era come se fosse l'apertura della cupola di un Duomo. Il fenomeno, iniziato prima delle otto di sera, durò diverse ore con questa grande forza e alcuni osservatori hanno sostenuto che non era dissolto neppure al nascere del giorno.»

Per Mairan è proprio l'aurora boreale, vista incombere dai greci pre-omerici sulle pendici della catena montuosa dell'Olimpo, ad aver determinato la nascita del mito che ivi localizza la sede degli dèi.

La luminosità a cui l'Olimpo dovrebbe il suo nome non è il consueto bagliore delle nevi inondate dal sole, o lo splendore di una cima che emerga improvvisa al di sopra delle nubi, ma la più sorprendente e fantastica luce che l'aurora boreale accende nel cuore della notte.

Secondo l'Iliade e l'Odissea, Zeus è spesso dipinto con in mano un fulmine tonante. Oggi sembrerebbe un'arma estremamente potente, in quanto in grado di distruggere intere città con le sue saette. Allo stesso modo il fratello di Zeus, Poseidone, il dio del mare, era armato di un tridente. Il tridente di Poseidone era capace di creare degli tsunami, ossia onde di marea. Questo tridente doveva essere qualcosa di più di un forcone.

E' possibile che il fulmine e il tridente fossero dei congegni che usavano una qualche energia?

Dèi per il mondo antico, alieni per quello moderno. Secondo la leggenda uno dei più importanti dèi Greci fu Apollo che sfrecciava nei cieli su un carro di fuoco. Apollo insegnò ai Greci a costruire edifici sulle montagne, sulle colline, a costruire strade, insegnò loro anche l'astronomia. Secoli più tardi, quando Roma dominava in Europa e nel mediterraneo, dal I sec. a.C. al VII d.C., i Romani venerarono dèi simili a quelli Greci: Zeus diventò Giove, Poseidone fu chiamato Nettuno, ma Apollo restò Apollo per entrambi. E' una coincidenza? Oppure, come molti sostenitori della teoria degli antichi astronauti ritengono, era il resoconto storico di esseri potenti che arrivarono sulla terra migliaia di anni fa? Come arrivarono da noi? Probabilmente a bordo di una nave spaziale. Si trattava di eventi così straordinari da essere annotati per sempre.

Se la storia degli dèi Greci e Romani è vera, è possibile trovare tracce della loro esistenza in altri parti del mondo? Sì.

Il 20 Luglio del 1969 è stato un giorno che ha segnato per sempre la storia dell'umanità; quel giorno Neil Armstrong e Buzz Aldrin diventarono i primi uomini a mettere piedi sulla Luna, proprio come alieni in visita da un altro mondo. Quello che fino a qualche anno prima era considerata pura fantascienza, d'un tratto, era divenuto realtà. Se è possibile per l'uomo visitare altri mondi, perché non sarebbe stato possibile per esseri di altri pianeti visitare la Terra in tempi antichi?

Il 20 luglio 2004 la NASA festeggiò il 35° anniversario dell'allunaggio e della missione Apollo 11 con una grande cerimonia commemorativa e con l'incontro, il giorno successivo, degli astronauti ancora in vita e dei più importanti collaboratori del progetto alla Casa Bianca con l'allora Presidente degli Stati Uniti George W. Bush.

Analogamente il 20 luglio 2009, Armstrong, Aldrin e Collins furono invitati alla Casa Bianca dal Presidente Obama, per festeggiare il 40° anniversario dell'allunaggio. Tv e giornali hanno dedicato la giornata intera agli eroi della missione, e proprio in occasione dell'anniversario è stato realizzato un film-documentario che ripercorre la storia dell'Apollo, Moonshot. Alla Casa Bianca i tre astronauti hanno tenuto un discorso nel corso del quale invitavano il loro paese a mandare l'uomo su Marte.

Nel mese di marzo del 2002 la sonda della Nasa Mars Odyssey, lanciata il 7 aprile dell'anno precedente attraverso un razzo Delta II da Cape Canaveral in Florida, ha consentito agli scienziati di scoprire ai poli del "pianeta rosso" la presenza di ghiaccio.

La presenza di acqua, sebbene allo stato solido, suggerisce che la vita possa essere stata sostenuta o addirittura generata in un altro pianeta. E' possibile che l'umanità ed esseri alieni si siano incrociati in passato?

Secondo i teorici degli "antichi astronauti", ciò sarebbe avvenuto veramente.

Gli umani primitivi furono influenzati da esseri extraterrestri, non da dèi?

Se così fosse, dove sono le prove?

Ebbene, le prove ci sono, e sono sparse in diversi angoli del nostro piccolo globo.

Sulla Terra abbiamo prove pittoriche, artefatti archeologici, e disponiamo di centinaia d'indicazioni provenienti dalla letteratura antica, che oggi non si possono più negare.

Le linee di Nazca.

Figura 1

In Sudamerica, Perù meridionale, nell'altopiano di Nazca, sopra un tavolato di circa 500 Km², si trova uno degli enigmi più affascinanti dell'archeologia. In questo luogo tra i più aridi del mondo, dove soffiano venti impetuosi, negli anni '20 un pilota militare avvistò nel deserto strani segni, presentò regolare rapporto ma da allora, per cinquanta anni, su Nazca calò il segreto di Stato. Sul suolo dell'altopiano sono state disegnate con un'incredibile perizia, tutta una serie di figure antropomorfe, zoomorfe e geometriche, tutte realizzate con tratto continuo.

Se esseri alieni provenienti da mondi lontani avessero visitato la terra migliaia di anni fa, come avrebbero cercato di comunicare con i nostri antenati? Esiste una prova fisica del tempo che trascorsero qui sulla Terra? Una risposta potrebbe trovarsi nel deserto di Nazca, in Perù meridionale. Nell'altopiano arido in cui è ubicato il deserto di Nazca alcune linee, geoglifi, tracciate sul terreno, oltre 13.000 linee che vanno a formare più di 800 disegni, che includono i profili stilizzati di animali comuni nell'area (la balena, il pappagallo, la lucertola lunga più di

180 metri, il colibrì, il condor e l'enorme ragno lungo circa 45 metri) sembrerebbero indicare all'uomo moderno che in quel luogo antiche civiltà aliene sorvolarono quelle montagne, quelle alture, a bordo di velivoli spaziali per mezzo dei quali giunsero sul nostro pianeta. L'archeologia classica ritiene che i geoglifi di Nazca siano stati tracciati durante la fioritura della Civiltà Nazca, avvenuta tra il 300 a.C. e il 500 d.C..

Le linee sono tracciate rimuovendo le pietre contenenti ossidi di ferro dalla superficie del deserto, lasciando così un contrasto con il pietrisco sottostante, più chiaro. La pianura di Nazca è ventosa, ma le rocce della superficie assorbono abbastanza calore da far alzare l'aria proteggendo il suolo. Così i disegni giganti sono rimasti intatti per migliaia di anni.

A causa della superimposizione dei motivi, si crede che essi siano stati realizzati in due tappe successive: prima le figure e poi i disegni geometrici. Ciò nonostante, a causa delle caratteristiche del suolo è molto difficile poter datare con sicurezza il periodo in cui furono costruite, specialmente per la difficoltà di applicare il sistema di datazione con il Carbonio 14, che non ha dato risultati soddisfacenti. Gli scienziati si sono avvalsi di altri metodi, come il confronto tra le figure dei geoglifi e quelle trovate sul vasellame della civiltà Nazca.

Ai margini della Pampa, gli archeologi hanno scoperto la città cerimoniale dei Nazca, Cahuachi, da cui si ritiene provenissero gli artefici delle linee. Le linee sono state avvistate con chiarezza solo dall'avvento dei voli di linea sull'area, casualmente, nel 1927 da Toribio Meija Xespe che le identificò con dei sentieri cerimoniali (seques). Nel 1939 furono studiate da Paul Kosok, un archeologo statunitense, che ipotizzò che l'intera piana fosse un centro di culto. Hans Horkheimer nel 1947 suppose invece che questi tracciati fossero una forma di culto degli antenati: sentieri tracciati che erano utilizzati come tracce dove camminare durante le cerimonie religiose.

Chi diede un contributo decisivo allo studio delle linee di Nazca fu l'archeologa tedesca Maria Reiche[13]. Lei si dedicò con passione allo studio e al restauro dei geoglifi e a lei si deve la scoperta di alcuni che non erano stati documentati in precedenza, né da Mejia, né da Kosok. La Reiche suppose che le linee avessero un significato astronomico, identificando la figura della Scimmia con l'Orsa Maggiore, il Delfino e il Ragno con la Costellazione di Orione, ecc. La Reiche affermava anche che le figure erano state create da veri e propri tecnici e ingegneri dell'epoca.

Sulla stessa linea Phyllis Pitluga, una ricercatrice dell'Alder Planetarium di Chicago, studiando il rapporto tra le linee e le stelle nel cielo, concluse che il ragno gigante rappresentava la costellazione di Orione, mentre tre linee rette che passano sopra al ragno erano dirette verso le tre stelle della cintura di Orione, se osservate da un certo punto della pampa. Nel 1967 Gerald Hawkins[14],

---

[13]Maria Reiche (Dresda, 15 maggio 1903 – Lima, 8 giugno 1998) è stata una matematica e archeologa tedesca, famosa per le sue ricerche sulle linee di Nazca in Perù.

[14]Negli Anni Sessanta i lavori dell'ingegnere Alexander Thom e dell'astronomo Gerald Hawkins, che avanzò l'ipotesi che Stonehenge fosse un computer neolitico, ispirarono nuovo interesse sulle caratteristiche astronomiche degli antichi siti megalitici. Le ipotesi di Hawkins furono ampiamente respinte, ma non il lavoro di Alexander Thom, i cui risultati pertinenti alle indagini effettuate sui siti megalitici, ipotizzavano l'esistenza di una pratica astronomica diffusa nelle isole britanniche. Euan MacKie, consapevole che le teorie del Thom dovevano essere verificate, effettuò degli scavi tra il 1970 ed il 1971 a Kintraw e nell'Argyllshire, dove si trovava un antichissimo sito. Nel sito fu trovata una piattaforma

astronomo inglese noto per i suoi studi nel campo dell'archeoastronomia, non trovò alcuna correlazione tra i disegni di Nazca e i movimenti dei corpi celesti. Lo zoologo Tony Morrison studiò le linee con Gerald Hawkins; nel suo libro del 1978, *"Pathways to the Gods"*, Morrison citava un brano scritto dal magistrato spagnolo Luis de Monzon nel 1586, riguardo alle pietre e alle antiche strade vicino a Nazca: «I vecchi indiani dicono [...] di possedere la conoscenza dei loro antenati e che, molto anticamente, cioè prima del regno degli Incas, giunse un altro popolo chiamato Viracocha; non erano numerosi, furono seguiti dagli indios che vennero su loro consiglio e adesso gli Indios dicono che essi dovevano essere dei santi. Essi costruirono per loro i sentieri che vediamo oggi.»

Morrison riteneva di aver individuato la chiave per spiegare il mistero delle linee di Nazca: il leggendario eroe-maestro Viracocha, noto anche come Quetzalcoatl e Kontiki, il cui ritorno era ancora atteso al momento dello sbarco di Cortés. Gli "antichi indios" disegnarono figure poiché pensavano che Viracocha sarebbe tornato, questa

---

artificiale di osservazione, e tale verifica dell'ipotesi precedentemente avanzata da Thom spinse il MacKie a verificare le teorie geometriche di Alexander Thom anche al circolo di pietre situato a Cultoonnell'Islay, ancora con un risultato positivo. Dopo queste numerose prove il MacKie accettò ampiamente le conclusioni del Thom. Nonostante queste evidenze, una successiva ricerca sul campo eseguita da Clive Ruggles ritenne che le affermazioni del Thom su un'astronomia di grande precisione non fossero pienamente sostenute da prove. Gli studi di Thom furono di notevole importanza, e il Krupp scrisse nel 1979, « Lavorando praticamente da solo Thom ha stabilito degli standard per le ricerche sul campo archeoastronomico e per le loro interpretazioni, che per i suoi sorprendenti risultati hanno alimentato per trent'anni numerose controversie». La sua influenza permane e la pratica di verifiche statistiche dei dati resta uno dei pilastri fondamentali dell'archeoastronomia.

volta scendendo dal cielo, e i disegni rappresentavano dunque dei segnali. Anche la storica peruviana Maria Rostworowski de Diez Canseco studiò le linee interpretandole come luogo di segnalazione al dio Viracocha.

Secondo la Rostworowski a ogni figura corrisponderebbe un clan (ayllu) degli adoratori di Viracocha, che avrebbero disegnato le linee per segnalare al proprio dio il luogo dove essi si trovavano quando egli sarebbe ritornato.

Le linee di Nazca non sono le uniche tracce lasciate sulla Terra dagli antichi dèi. In altre parti del mondo, in altri luoghi, prevalentemente in alcuni siti archeologici in cui insistono delle mega strutture preistoriche, luoghi in cui si narra accadono delle strane interferenze geo-magnetiche, strutture prevalentemente formate da giganteschi monoliti, la cui costruzione e posa stupiscono ancora oggi l'uomo moderno, testimoniano il passaggio e l'incontro di alcune antiche civiltà aliene con i nostri antenati migliaia di anni orsono.

Antiche dita di pietra protese verso il cielo che si allungano per diversi chilometri. E' possibile che degli esseri umani un gradino sopra gli uomini delle caverne fossero in grado di estrarre queste pietre gigantesche, alcune del peso di cento, duecento, trecentocinquanta tonnellate, modellarle e far assumere loro delle forme assai complesse in modo tale da collocarle come tessere di un mosaico, senza l'uso di malta e/o di altro conglomerato cementizio?

O per meglio dire, è possibile che gli uomini preistorici, dopo aver abbandonato le caverne, senza le conoscenze e la tecnologia donata loro da una civiltà aliena millenaria, fossero riusciti a costruire queste mega strutture preistoriche rinvenute in diversi angoli del mondo?

E' possibile che degli antichi alieni, giunti sulla terra migliaia di anni fa, volessero che in futuro gli uomini si chiedessero - Qualcuno dello spazio in passato ci è venuto a fare visita? – e per tale motivo ci lasciarono quale testimonianza della loro venuta queste grandi strutture in pietra? Milioni di persone in tutto il mondo credono che in passato siamo stati visitati da esseri extraterrestri. E se ciò fosse vero? Degli antichi alieni contribuirono a forgiare la nostra storia? Se è così, esiste una spiegazione extraterrestre per le più misteriose e arcane strutture della Terra?

Göbekli Tepe.

Figura 2

Nel Sud-Est della Turchia, sorge il complesso megalito nei pressi di Şanlıurfa. Il sito archeologico è noto come Göbekli Tepe, più antico della Grande Piramide della piana di Giza.

Un complesso di strutture di pietra, risalente a oltre 10.000 anni fa, è stato scoperto occasionalmente nella prima metà degli anni Novanta del secolo scorso in Turchia, a circa 800 km dalle strade affollate di Istanbul.

Da quale passato è venuto fuori? E' un mistero, se si considera che la storia convenzionale, quella che ci hanno insegnato sui banchi di scuola, sostiene che la nostra civiltà ha avuto origine in Mesopotamia alla fine del IV millennio a.C. con l'avvento della civiltà sumerica. Chi furono allora quegli antichi costruttori che si cimentarono nella costruzione di tale complesso archeologico?

Queste strutture megalitiche erano fatte forse per essere viste dal cielo? Chi o che cosa poteva volare a quel tempo, a parte una civiltà aliena?

Nel Sud-Est della Turchia, sorge il complesso megalito nei pressi di Şanlıurfa. Nel 1994, in questo luogo della Turchia, un pastore locale notò una punta di una pietra che fuoriusciva dal suo campo, su di una collina polverosa. Il pastore, incuriosito, cominciò a scavare. Alla fine dello scavo dissotterrò un pilastro alto circa sei metri. Il pilastro aveva bordi netti, con al centro un'incisione a rilievo di uno strano animale. Da un esame più attento apparve che la pietra, finemente incisa, fu realizzata da artigiani attenti, i quali hanno sicuramente lavorato con strumenti avanzati. La notizia della scoperta del sito archeologico fece il giro del mondo, e quando la comunità scientifica ne prese coscienza, una cosa diventò ovvia: un pastore curdo è incappato, forse, nella più sorprendente scoperta archeologica dell'epoca moderna.

Il sito archeologico è noto come Göbekli Tepe, più antico della Grande Piramide della piana di Giza, costruito circa 6000 anni prima che Stonehenge prendesse forma. E, sorprendentemente, costruito tra i 3000 e i 1500 anni prima di Çatalhöyük, sino allora considerato uno degli insediamenti più antichi della storia.

Il sito archeologico di Göbekli Tepe si trova su una collina artificiale alta circa 15 m e con un diametro di circa 300 m, situata sul punto più alto di un'elevazione di forma allungata, che domina la regione circostante, tra la catena del Tauro e il Karaca Dağ e la valle dove si trova la città di Harran. Il sito utilizzato dall'uomo avrebbe avuto un'estensione da 300 a 500 m².

Tale sito archeologico fu riconosciuto nel 1963 da un gruppo di ricerca turco-statunitense, che notò diversi consistenti cumuli di frammenti di selce, segno di attività umana nell'età della pietra.

Dopo la visita del sito, che fu soltanto un "mordi e fuggi" su quello che agli antropologi sembrò un cimitero abbandonato risalente al Medioevo, nel 1994 arrivò Schmidt[15], convinto che in quel luogo ci fosse più che un vecchio cimitero. "Solo l'uomo può aver creato una collina come questa" sostenne Schmidt.

«*E' chiaro che questo è un sito enorme risalente all'Età della Pietra.*»

---

15 K. Schmidt : Göbekli Tepe, Southeastern Turkey. A preliminary Report on the 1995-1999 Excavations, Palèorient 26/1, 2001, 45-54.

K. Schmidt:Sie bauten die ersten Tempel. Das rätselhafte Heiligtum der Steinzeitjäger. Munich: C. H. Beck Verlag 2006, ISBN 3-406-53500-3.

K. Schmidt: Göbekli Tepe and the rock art of the Near East, TÜBA-AR 3 (2000) 1-14.

Klaus Schmidt: Sie bauten die ersten Tempel. Das rätselhafte Heiligtum der Steinzeitjäger. München 2006, ISBN 3-406-53500-3.

Poco dopo la scoperta del sito archeologico, la notizia arrivò al responsabile del museo della città di Şanlıurfa, che contattò il ministero, il quale a sua volta si mise in contatto con la sede di Istanbul dell'Istituto archeologico germanico. Gli scavi furono iniziati solo nel 1995 da una missione congiunta del museo di Şanlıurfa e dell'Istituto archeologico germanico sotto la direzione di Klaus Schmidt. Nel 2006 gli scavi passarono alle università tedesche di Heidelberg e di Karlsruhe. Gli scavi rimisero in luce un santuario monumentale megalitico, costituito da una collina artificiale delimitata da muri in pietra grezza a secco. Sono stati inoltre rinvenuti quattro recinti circolari, delimitati da enormi pilastri in calcare pesanti oltre 10 tonnellate ciascuno, probabilmente cavati con l'utilizzo di strumenti in pietra. Secondo il direttore dello scavo le pietre, drizzate in piedi e disposte in circolo, simboleggerebbero assemblee di uomini. Sono state riportate in luce circa quaranta pietre a forma di T, che raggiungono i tre metri di altezza.

Per la maggior parte sono incise e vi sono raffigurati diversi animali (serpenti, anatre, gru, tori, volpi, leoni, cinghiali, vacche, scorpioni, formiche).

Alcune incisioni furono volontariamente cancellate, forse per preparare la pietra a riceverne di nuove. Sono inoltre presenti elementi decorativi, come insiemi di punti e motivi geometrici. Indagini geomagnetiche hanno indicato la presenza di altre 250 pietre ancora sepolte nel terreno.

Un'altra pietra a forma di T, estratta solo a metà dalla cava, è stata rinvenuta a circa un chilometro dal sito. Aveva una lunghezza di circa nove metri ed era probabilmente destinata al santuario, ma una rottura costrinse ad abbandonare il lavoro.

Oltre alle pietre sono presenti sculture isolate, in argilla, molto rovinate dal tempo, che rappresentano probabilmente un cinghiale o una volpe.

Confronti possono essere fatti con statue del medesimo tipo rinvenute nei siti di Nevalı Çori e di Nahal Hemar.

Gli scultori dovevano svolgere la loro opera direttamente sull'altopiano del santuario, dove sono state rinvenute anche pietre non terminate e delle cavità a forma di scodella nella roccia argillosa, secondo una tecnica già utilizzata durante l'epipaleolitico o età del mesolitico, cioè il periodo intermedio dell'Età della pietra, per ottenere argilla per le sculture o per il legante argilloso utilizzato nelle murature. Nella roccia sono anche presenti raffigurazioni di forme falliche, che forse risalgono a epoche successive, trovando confronti nelle culture sumere e mesopotamiche (siti di Byblos, Nemrik, Helwan e Aswad).

Le raffigurazioni di animali hanno permesso di ipotizzare un culto di tipo sciamanico, non distante da quelli presenti nelle culture sumere e mesopotamiche.

Lo studio degli strati di detriti accumulati sul fondo del lago di Van in Anatolia ha prodotto importanti informazioni sui cambiamenti climatici del periodo, individuando una consistente crescita della temperatura intorno al 9500 a.C. I resti di pollini presenti nei sedimenti hanno permesso di ricostruire una flora composta di querce, ginepri e mandorli. Fu forse il cambiamento climatico a determinare una progressiva sedentarizzazione delle genti che costruirono il sito.

All'inizio degli anni Novanta lo studioso di preistoria Jacques Cauvin ha ipotizzato che lo sviluppo delle concezioni religiose avrebbe costituito uno stimolo alla sedentarizzazione, spingendo gli uomini a raggrupparsi per celebrare riti comunitari.

La presenza di una struttura monumentale dimostra che anche in precedenza allo sviluppo dell'agricoltura e nell'ambito di un'economia di caccia e raccolta, gli uomini possedevano mezzi sufficienti per erigere strutture monumentali. Secondo il direttore dello scavo fu proprio l'organizzazione sociale necessaria alla creazione di questa struttura a favorire uno sfruttamento pianificato delle risorse alimentari e lo sviluppo delle prime pratiche agricole. Il sito si trova, infatti, nella regione della Mezzaluna fertile, dove era presente naturalmente il grano selvatico.

Nessuna traccia di piante o animali domestici è stata tuttavia rinvenuta negli scavi, e mancano inoltre resti di abitazioni.

A circa quattro metri di profondità, ossia a un livello corrispondente a quello della costruzione del santuario, sono state rinvenute tracce di strumenti in pietra (raschiatoi e punte per frecce, insieme con ossa di animali selvatici, gazzelle e lepri), semi di piante selvatiche e legno carbonizzato, che testimonia la presenza in questo periodo di un insediamento stabile. Intorno all'8000 a.C. il sito fu deliberatamente abbandonato e volontariamente seppellito con terra portata dall'uomo.

I risultati dei test al Carbonio 14 o del radiocarbonio hanno reso evidente che le rovine archeologiche di Göbekli Tepe risalirebbero a circa 12.000 anni fa, ossia quasi settemila anni prima dell'affermarsi della civiltà Sumera, considerata sino a qualche anno addietro la prima popolazione sedentaria al mondo, dopo le civiltà della valle dell'Indo, che possa essere considerata "civilizzata". Com'è stato realizzato Göbekli Tepe? Qual è la sua storia?

Non sappiamo com'è stato creato. La struttura è venuta fuori dalle tenebre dell'ultima Era Glaciale, di cui non sappiamo niente. Forse nella storia dell'uomo è stato tralasciato un episodio molto importante. La scoperta di Göbekli Tepe, potrebbe cambiare radicalmente la nostra concezione della storia umana?

Forse i miti più curiosi della Storia si basano su fatti realmente accaduti? Molti miti e leggende, infatti, suggeriscono che in passato siano esistite civiltà estremamente avanzate. Forse ci sono al mondo piccoli barlumi, indizi che in un periodo antico ci sia stato qualcosa di molto più complesso e sofisticato. Secondo la Bibbia il mondo è iniziato nel 4000 a.C.. Ma la scoperta del sito archeologico di Göbekli Tepe ci ha dimostrato che la storia umana dovrebbe essere retrodatata a 8000 anni prima. Siamo di fronte a qualcosa che contraddice la normale visione dell'evoluzione della civiltà.

E' un caso che a Göbekli Tepe, dopo circa tredici anni di scavi, gli archeologi non siano riusciti a trovare un solo arnese in pietra, né attrezzi agricoli? Com'è possibile l'esistenza di colonne perfettamente scolpite, alte sei metri, antiche di dodicimila anni e non aver rinvenuto nessun arnese? Le immagini di animali incise sulle colonne lasciano gli archeologi estremamente perplessi. Infatti, ciò che rappresentano potrebbero far pensare a un'arca in pietra.

Queste incisioni, tenuto conto che a circa 560 km è ubicato il monte Ararat, che secondo molti studiosi della Bibbia è il luogo in cui finì l'Arca di Noè, sono una prova storica del grande diluvio descritto nella Bibbia? Nel mondo ci sono circa duemila miti che descrivono il diluvio che distrusse il mondo antico.

Se le pietre di Göbekli Tepe testimoniano il verificarsi del diluvio biblico, ciò significa che il diluvio universale narrato nella Genesi della Bibbia si è verificato circa 8.000 anni prima della data indicata nei testi sacri?

E' quindi necessario riscrivere la storia dell'umanità, e dare una risposta urgente alla seguente domanda: "Chi ha costruito Göbekli Tepe?"

Teotihuacán.

Figura 3

Teotihuacán vista dalla piramide della luna.

Secondo il ricercatore Giorgio A. Tsoukalos[16], discepolo
dello scrittore svizzero Erich von Däniken, autore del best

---

[16] Giorgio A. Tsoukalos (14 marzo 1978) è uno scrittore svizzero e
presentatore televisivo specializzato nella Teoria degli antichi
astronauti. Tsoukalos è l'editore della rivista Legendary Times, una
pubblicazione che si propone di ricercare prove e indizi per sostenere la
Teoria degli antichi astronauti. Tsoukalos è stato il direttore del centro
"Ancient Astronaut Research" di Erich von Däniken per oltre 12 anni ed
è comparso in varie trasmissioni televisive come The Travel Channel,
The History Channel, Sci-Fi Channel, National Geographic Channel, oltre
alla stazione radiofonica statunitense Coast to Coast AM, egli è inoltre il

seller *"Gli extraterrestri torneranno?"* [Chariots of the Gods (1972)], edito in Italia da Ferro, nel 1969 (Erinnerungen an die Zukunft, Econ Verlag Düsseldorf und Wienn 1968), se guardiamo in alcuni luoghi sul nostro pianeta, ove si trovano alcuni fra i più famosi siti archeologici, si trovano prove valide della teoria del paleocontatto.

Uno dei luoghi sulla terra in cui si possono raccogliere prove inconfutabili dell'avvenuto contatto tra civiltà aliene e umane, in tempi antichissimi, e che corroborano la tesi sostenuta dai teorici degli "antichi astronauti", sembrerebbe essere il sito archeologico messicano di Teotihuacán.

Teotihuacán è il più grande sito archeologico precolombiano del Nord America.

La città è situata in Messico nel comune di San Juan Teotihuacán (popolazione 44.653 - censimento 2000), nello stato federato del Messico, circa 40 chilometri a nord-est di Città del Messico. In totale le rovine coprono un'area di 82,66 chilometri quadrati. È stata dichiarata Patrimonio dell'umanità dall'UNESCO nel 1987.

Nel momento di massimo splendore, nella prima metà del trascorso millennio, Teotihuacán fu la più grande città del continente americano. Il suo nome viene anche utilizzato per designare la civiltà di cui era il fulcro, che si estese fino a comprendere la maggior parte dell'attuale Messico.

Segni della presenza della civiltà Teotihuacána, sebbene non si possa parlare di un vero e proprio controllo politico ed economico, possono essere riscontrati anche in

---

produttore televisivo della serie televisiva Enigmi alieni, (Ancient Aliens negli USA) in onda su The History Channel. Tsoukalos ha frequentato l'Ithaca College a New York, dove si è laureato nel 2001 con una laurea in sports information communications.

diversi siti archeologici della zona di Veracruz e della regione Maya. I primi anni della storia di Teotihuacán sono avvolti nel mistero, e l'origine dei suoi fondatori è tuttora oggetto di discussione. Per molti anni gli archeologi hanno creduto che fosse stata costruita dal popolo dei Toltechi, una delle più antiche civiltà messicane. Questa teoria si basava sul ritrovamento di alcuni scritti di origine azteca che attribuivano l'origine del sito appunto ai Toltechi. Tuttavia, il termine Nahuatl "Toltec" significa "grande maestro artigiano" e potrebbe non essere sempre stato usato solo per fare riferimento alla civiltà tolteca.

Inoltre Teotihuacán risale a un'epoca precedente a quella della civiltà Tolteca, escludendola quindi dal novero dei possibili fondatori. Alcuni studiosi candidano come fondatori di Teotihuacán il popolo dei Totonac, ma il dibattito è comunque ancora aperto. Esistono prove del fatto che almeno alcuni degli abitanti di Teotihuacán venissero da zone diverse dell'area d'influenza Teotihuacána, e si riscontra la presenza di etnie Zapotec, Mixtec e Maya. La cultura e l'architettura di Teotihuacán furono influenzate da quelle della civiltà Olmec, che è considerata la "civiltà madre" delle varie culture centroamericane.

L'edificazione di Teotihuacán, che secondo la leggenda sorge nel luogo dove gli dèi si riunirono per progettare la creazione dell'uomo, secondo l'archeologia classica iniziò verso il 300 a.C., mentre la Piramide del Sole fu costruita circa nel 150 a.C..

Nessun archeologo, oggi, può dire con certezza quando fu costruita la città di Teotihuacán; il solo elemento certo è che quando gli Aztechi scoprirono il sito nel XIV sec. d.c. e la città era già in rovina.

Secondo Ted Strein, uno dei più famosi teorici degli "antichi astronauti" al mondo, il sito archeologico di Teotihuacán altro non sarebbe che il luogo in cui gli antichi astronauti atterrarono per lo sfruttamento di alcune vicine miniere aurifere. Il sito archeologico, secondo Ted Strein, sarebbe stato per gli extraterrestri una stazione di sosta, luogo di rifornimento, agenzia di reclutamento, nonché un osservatorio astrale.

Figura 4

La Piramide del Sole a Teotihuacán.

Sui lati dell'ampio viale centrale della città, chiamato "Viale dei Morti" (traduzione del nome Nahuatl Miccaohtli), sorgono ancora imponenti edifici cerimoniali, tra i quali l'immensa Piramide del Sole (la seconda per grandezza tra le piramidi del nuovo mondo dopo la Grande Piramide di Cholula), la Piramide della Luna, e molte altre piattaforme costruite con lo stile talud-tablero.

Gli Aztechi credevano che queste ultime fossero tombe, e da quest'idea trassero il nome assegnato al viale. Oggi sappiamo che si trattava di altari cerimoniali, sopra ai quali erano eretti dei templi.

Più avanti, lungo il Viale dei Morti, si trova l'area conosciuta come La Cittadella che comprende il Tempio del Serpente Piumato, oggi piuttosto rovinato. Quest'area consisteva in una vasta plaza circondata da templi che rappresentava il fulcro politico-religioso della città.

Il nome Cittadella le è stato attribuito dagli Spagnoli, che credettero si trattasse di una fortezza. Nei palazzi che si trovano vicino ai templi, vivevano molti degli abitanti di Teotihuacán più ricchi e potenti. Il più grande di questi ha una superficie di più di 3300 m^2.

La gente comune viveva invece in grandi costruzioni residenziali, paragonabili alle insule romane, che sorgevano un po' in tutto il resto della città. Molti di questi edifici contenevano anche botteghe laboratori artigianali che producevano e vendevano oggetti di ceramica e altri beni.

La disposizione geografica di Teotihuacán è un ottimo esempio di pianificazione urbana centroamericana: il posizionamento degli edifici è, in accordo con le convinzioni dell'epoca, una rappresentazione simbolica dell'Universo. Il reticolato urbano è allineato con precisione a 15.5° nord-est. Il Viale dei Morti, in particolare, sembra puntare verso il Cerro Gordo che si trova a nord della Piramide della Luna. La conoscenza e il ricordo delle enormi rovine di Teotihuacán non furono mai perduti.

La città abbandonata fu meta di pellegrinaggi in epoca azteca, durante la quale era considerata legata al mito di Tollan, il luogo dove era stato creato il sole. In seguito, anche i primi Conquistadores spagnoli ne rimasero sorpresi e affascinati.

A partire poi dall'800 è considerato uno dei siti archeologici più famosi e interessanti per i turisti e i visitatori del Messico.

Nel diciannovesimo secolo furono intrapresi alcuni scavi archeologici minori, mentre scavi e restauri più significativi iniziarono nel 1905 sotto la guida dell'archeologo Leopoldo Batres, lavori che culminarono con il (maldestro) restauro della Piramide del Sole, realizzato per celebrare il centennale dell'indipendenza del Messico nel 1910. Negli anni 1917-1928, 1960-65 e 1980-82 sono state eseguite delle altre importanti serie di scavi e restauri. Alcuni degli edifici sono stati ricostruiti e Teotihuacán dispone ora anche di vari musei. Gli scavi sono comunque tuttora in corso.

Gli scavi del 1905-1910 e quelli, pionieristici, precedenti, furono condotti in un'ottica nazionalista, ricercando in questa città il mito di fondazione del Messico per smarcarlo dalla conquista spagnola, ma con un'importante contraddizione, infatti, il porfirismo (che politicamente li sponsorizzava) era espressione delle classi ricche creole, in stragrande maggioranza bianche e ispanizzate, affette da un duraturo pregiudizio razzistico verso i nativi.

Gli scavi iniziati nel 1917 al contrario furono svolti, tra mille difficoltà, nello spirito della rivoluzione messicana, e quindi volti al recupero di un'identità che si voleva meticcia e mescolante elementi indigeni ed europei, esaltando anche l'elemento nativo nello spirito dello zapatismo e degli ideali rivoluzionari. Inoltre gli scavi, soprattutto dopo la fine della rivoluzione, furono compiuti con maggiore scientificità, senza approfittarsi libertà di fare restauri ricostruttivi ma solo conservativi, utilizzando team di ricercatori internazionali e/o formati in ambito internazionale. I risultati, sebbene limitati al centro della città, furono subito evidenti e in questa direzione, che incrocia sempre più i metodi e le pratiche desunte dall'antropologia, si sta lavorando ancora adesso.

Figura 5

Un murale policromo del sito archeologico di Teotihuacán.

Una delle caratteristiche impressionanti di Teotihuacán è l'arte murale policroma, fra cui ve ne sono certi sorprendentemente ben conservati.

Pittura murale e ceramica sono le principali forme d'arte sopravvissute a Teotihuacán, e i murales sono un aspetto importante della sua architettura. La maggior parte dei murales sono stati dipinti su un supporto di gesso, un mezzo di conservazione buono, con una tecnica di affresco vero (Littmann 1973:175).

Capitolo 2

Le Piramidi, uno dei più grandi enigmi della Storia, e i templi Egizi.

«*La nostra attuale civiltà globale è stata la prima sulla Terra, o ne è esistita almeno un'altra se non pari senz'altro superiore tecnologicamente? Per la realizzazione di determinate costruzioni e altri reperti del passato erano necessari mezzi evoluti, forse anche più di quelli di cui la nostra civiltà attuale dispone, e senz'altro non erano sufficienti tutta la buona volontà e il fervore di uomini appena usciti dall'età della pietra. Per spostare blocchi del peso di 200 tonnellate e porli magistralmente in opera servono tecnologie avanzate e non solo belle parole! E' stato verificato da qualche tempo che molte antiche costruzioni sono orientate astronomicamente. Questo elemento non dimostra solamente che popoli dell'antichità, come gli Egizi ad esempio, avevano un sistema di conoscenze astronomiche molto evoluto, ma fornisce anche lo spunto per utilizzare nell'indagine strumenti forniti da quella disciplina denominata Archeoastronomia.*»

(Archeologia dei Misteri, di Paolo Forni)

Figura 6

Le Piramidi di Giza.

Chi costruì le piramidi di Giza? Qual era la loro reale funzione?

Secondo l'egittologia classica le piramidi erano delle case - tomba, o per meglio dire delle macchine-tomba; il luogo in cui l'anima del faraone, attraverso un lungo e articolato processo con contestuale giudizio, sarebbe riuscita a trascendere la vita terrena e raggiungere l'aldilà e infine vivere in eterno, ricongiungendosi con quanti lo avevano preceduto nel viaggio ultraterreno teso a raggiungere il luogo in cui tutto ebbe inizio: la costellazione di Orione, luogo secondo cui gli egizi pensavano vivesse Osiride, signore dell'eternità. La necropoli di Giza è situata nella piana di Giza, alla periferia de Il Cairo, in Egitto. Questo complesso di antichi monumenti dista 8 km circa dall'antica città di Giza, sul Nilo, e 25 km circa dal centro del Cairo in direzione sud-ovest. Al suo interno si trova la Piramide di Cheope (o Grande Piramide, fu la prima eretta a Giza. I lati della base, che è quasi esattamente un quadrato, misurano metri 230,4; 230,52; 230,6; 230,54. L'altezza originaria era 146,7 m. I lati sono orientati secondo i punti cardinali con una precisione che ha sempre stupito: l'errore è circa 3'), l'unica tra le sette meraviglie del mondo antico giunta sino ai giorni nostri.

La fase principale di costruzione della necropoli avvenne attorno al XXV secolo a.C. e fu resa popolare ai tempi dell'Ellenismo nel momento in cui la Piramide di Cheope fu inserita da Antipatro di Sidone nella lista delle sette meraviglie del mondo. Gli scavi degli ultimi sessant'anni hanno notevolmente modificato il concetto di piramide.

Lungi dall'essere un semplice tumulo di forma geometrica a sé stante e innalzato sopra un sepolcro regale,o, per dare una definizione più esatta, una tomba gigantesca a base quadrata con quattro lati triangolari uguali e uniti al vertice, essa ci appare oggi piuttosto come il fulcro di una vasta zona funeraria che comprende altre tre parti distinte.

Prima di tutto ai margini del deserto e sovrastante il terreno coltivato, in modo da essere accessibile in barca durante la stagione della piena, sorgeva un tempio in valle, edificio di modeste dimensioni, ma non meno sontuoso. Di lì, un passaggio soprelevato, lungo sovente quasi mezzo chilometro, conduceva al tempio funerario vero e proprio che dava direttamente accesso al lato orientale della piramide dove una finta porta, o una stele arretrata imitante un portale, aveva lo scopo di permettere al defunto monarca di uscire a prendere la propria parte dei generosi prodotti dei molti fondi annessi al complesso funerario.

Le pareti di questi tre elementi architettonici potevano essere adorne di rilievi e iscrizioni illustranti le varie attività che si svolgevano nelle tenute regali, le imprese del faraone e i riti quotidiani e festivi celebrati in suo onore. Descrivere le piramidi di Giza come una delle sette meraviglie del mondo sembra quasi un sottovalutarle, perché la Grande Piramide supera in volume qualsiasi edificio eretto dalla mano dell'uomo, e in altezza (146 metri circa), tra i monumenti costruiti interamente in pietra, è superata solo dai campanili della cattedrale di Colonia. I nomi degli artefici dei tre giganti che si estendono diagonalmente attraverso l'altopiano desertico di Giza ci sono stati riferiti da Erodoto come Cheope, Chefren e Micerino.

Benché siano tutt'altro che esatti, ci sono divenuti così familiari che l'uso ne è pienamente giustificato.

La Grande Piramide è già stata tante volte e così esaurientemente descritta che non occorre aggiungere altro sennonché la disposizione interna presenta due radicali mutamenti nel progetto, fra i quali la meravigliosa grande galleria in pendio che sale alla vera camera sepolcrale, un'imponente sala di granito detta ora la camera del Re.

Poco c'è noto della vita del costruttore della Grande Piramide, salvo questa testimonianza materiale del suo autocratico potere.

Secondo una leggenda dell'antico Egitto, molto tempo prima dei faraoni, un dio arrivò dalle stelle, con altri della sua razza. Essi portarono in dono agli uomini il sapere e la forza. Poi tornarono alla loro casa fra le stelle. Solo uno rimase sulla terra, e insegnò al popolo del Nilo i segreti della propria gente. Quando morì, fu sepolto in un luogo segreto: la tomba del "visitatore". Dietro la nascita dell'antico Egitto si nasconderebbe, dunque, la regia di una razza aliena tecnologicamente più avanzata?

«*Le pietre delle piramidi*», volendo citare Jean-Charles Moreux (da "Non è Terrestre" di Peter Kolosimo, pagg. 178 - 180), «*sono connesse con tanta esattezza (benché alcune siano lunghe sino a dieci metri), che si può passare una lama di temperino sulla loro superficie laterale senza scoprire il solco che le divide. Eppure non ci si servì di calce! Uno dei più grandi imprenditori degli Stati Uniti ha fatto notare che oggi noi non possediamo macchine capaci di produrre due superfici che si connettano fra loro perfettamente come sono connesse le pietre della Grande Piramide. L'insieme della costruzione pesa circa sei milioni di tonnellate occorrerebbero quindi 6000 locomotive capaci di trarre mille tonnellate ognuna per trasportarla.*

L'attuale disponibilità finanziaria dell'Egitto non basterebbe a pagare gli operai che fossero incaricati di demolirla. Il suo architetto, chiunque sia stato, mirava dunque a erigere un monumento perenne. In realtà, nessuno ha ancora toccato l'audacia dei costruttori della Grande Piramide: si pensi che questa montagna di massi supera di 40 metri il Duomo degli Invalidi, di sessantasei il Pantheon e di settantasette le torri di Notre Dame di Parigi!»

«*Quanto all'orientamento*», continua Moreux, «*le facce della piramide sarebbero dovuto esser rivolte ai quattro punti cardinali; ma tanto non riuscì con esattezza, se non con la piramide di Cheope.*»

«*Il problema è, infatti, arduo, e creò difficoltà assai gravi anche agli architetti più esperti. Abbiamo, è vero, la bussola, ma tutti sanno che l'ago calamitato indica il Nord magnetico: per ogni luogo e per ogni anno — anzi, per ogni giorno — occorre apportare rettifiche.*»

«*Resta il metodo astronomico, il Nord segnato dalla Stella Polare. Neppure questo è, tuttavia, un dato esatto, poiché quest'astro, che serve per orientarci in pratica, non si trova per nulla al polo celeste: in questo periodo esso descrive attorno a questo "punto ideale", corrispondente al prolungamento dell'asse terrestre, un cerchio di 1 grado e 8' di raggio; tra la Stella Polare e il polo celeste potrebbero, in parole semplici, trovar posto due globi pari alla Luna. La stella che noi chiamiamo "polare", inoltre, non sarebbe potuto esser così definita quattro mila anni fa. A causa dell'oscillazione della Terra, l'asse del nostro pianeta punta in seguito in direzioni diverse, e occorre un lasso di venticinque mila anni perché sia ricondotto nella stessa posizione. Fra tredici mila anni la nostra stella polare sarà Vega, il bel sole azzurro della Lira; quando fu costruita la Grande Piramide, la stella polare era un astro della costellazione del Dragone.*»

«*Per stabilire il polo celeste bisogna perciò ricorrere ad altri metodi. Gli astronomi antichi non possedevano certo strumenti esatti come quelli che oggi usiamo. Il famoso Tycho Brahe, quando volle orientare l'osservatorio d'Urianenborg, commise, nonostante tutti i suoi calcoli, un errore di 18' d'arco; e dobbiamo notare che tanto avvenne nel 1577, solo tre secoli e mezzo fa. Sia per negligenza sia per inettitudine, l'osservatorio di Parigi non è orientato meglio... ed è stato costruito nel 1666!»*

«Ebbene, un'ulteriore, incredibile sorpresa attendeva gli astronomi: si scoprì che l'orientamento della Grande Piramide è esatto con un'approssimazione inferiore a 5'. Qui è assolutamente impossibile pensare a una coincidenza, e bisogna ammettere che i costruttori egizi furono più abili di Tycho Brahe. Andiamo oltre: per secoli gli scienziati d'ogni paese civile cercarono un meridiano ideale per la misurazione delle latitudini. La scelta cadde dapprima su quello di Parigi, poi su quello di Greenwich. E ora ci accorgiamo che, in realtà, il meridiano ideale è quello della Grande Piramide. Perché mai? In primo luogo, è il meridiano che passa per la maggior parte di continenti e per la minor parte di distese marine. È il solo a partire dallo stretto di Bering e (circostanza ancor più singolare), se si calcola esattamente l'area abitabile dall'uomo, vediamo che la divide esattamente in due. È giusto, quindi, definirlo ideale, poiché è il solo a essere fondato su dati naturali.»

«I costruttori della Grande Piramide avrebbero dunque percorso la Terra e disegnato carte geografiche del globo? Non solo: l'altezza del monumento è in diretto rapporto (come vedremo) con la distanza del nostro globo dal Sole. E la distanza della Grande Piramide dal centro del pianeta è uguale alla distanza della costruzione stessa dal polo nord e, quindi, corrispondente alla distanza dal polo nord al centro della Terra.» Resta quindi da chiederci come abbiano fatto a saperlo i progettisti, se il loro livello di conoscenza era quello dipinto dalla scienza tradizionale?

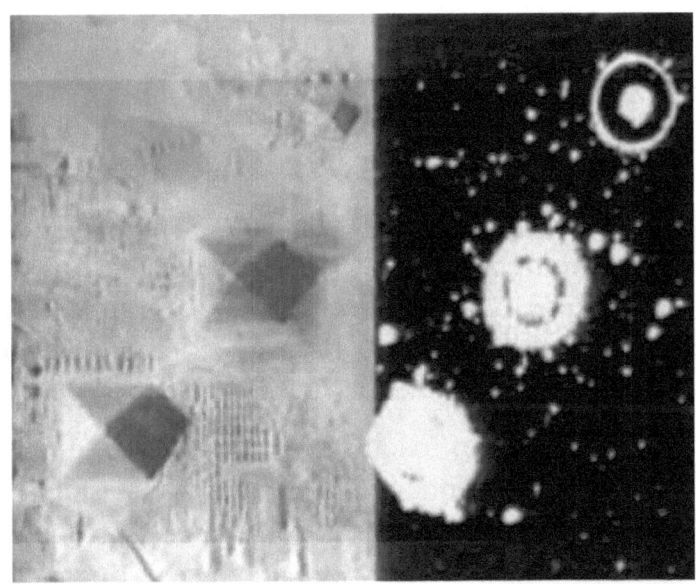

Figura 7

Le grandi piramidi sono disposte a riprodurre esattamente la costellazione di Orione.

Figura 8

Il tempio di Ramses II.

Per suffragare la tesi sin qui sostenuta, consideriamo a tal proposito gli sforzi attuati da diversi Stati al mondo, negli anni '60 del secolo scorso, per trasferire il tempio di Abu Simbel dalla sua originaria sede a quell'attuale, per far posto alla nascente diga di Assuan.

Nel 1960, infatti, il presidente egiziano Nasser decise l'inizio dei lavori per la costruzione della grande Diga di Assuan, opera che prevedeva la formazione di un enorme bacino artificiale.

Tale grande progetto rischiava di cancellare numerose opere costruite dagli antichi egizi tra cui gli stessi templi di Abu Simbel. Grazie all'intervento dell'Unesco, ben 113 paesi si attivarono inviando uomini, denaro e tecnologia, per salvare il monumento.

Furono formulate numerose proposte a tale scopo e quella che, infine, ottenne maggiori consensi fu di tagliare, numerare e smontare blocco per blocco l'intera parte scolpita della collina sulla quale erano stati eretti i templi e in seguito ricostruire i monumenti in una nuova posizione 65 m più in alto e 300 m più indietro rispetto al bacino venutosi a creare.

L'1 ottobre 1965, il volto di una delle statue di Ramses II è rimosso. I lavori durarono quasi cinque anni, dal 1964 al 1968, e furono impiegati oltre duemila uomini, guidati da un gruppo di esperti cavatori di marmo italiani provenienti da Carrara (MS) e Mazzano (BS), e uno sforzo tecnologico senza precedenti nella storia dell'archeologia. La ricostruzione comprese anche l'erezione di una cupola in calcestruzzo armato posta appena sopra il monumento con la duplice funzione di preservare la struttura e di dare forma alla collina artificiale cui furono addossati i templi.

L'intervento interessò sia il tempio principale dedicato a Ramses II sia quello secondario dedicato alla regina Nefertari. Nel ricostruire i templi fu mantenuto l'originale orientamento rispetto agli astri e al sole, in modo da consentire (seppur con lo sfalsamento di un giorno) al sorgere del sole, due volte l'anno - il 22 febbraio e il 22 ottobre - di illuminare la camera centrale del tempio maggiore ove troneggiano le quattro divinità sedute: Ptah, Anon, Ramses II e Ra (si tenga conto che per la ricostruzione del tempio di Abu Simbel nel luogo in cui oggi è possibile ammirarlo nella sua totalità e magnificenza, sono stati eseguiti calcoli molto complessi di astronomia, che hanno richiesto l'ausilio di potenti computer - a proposito gli antichi egizi come avevano fatto senza i computer? -, grazie ai quali è stato possibile mantenere l'orientamento originale del tempio rispetto al firmamento, permettendo il rinnovarsi del fenomeno che accade i giorni dell'equinozio, con un giorno di differenza). Altri monumenti di minore rilevanza, e di minori dimensioni, anch'essi minacciati dal livello delle acque furono smontati e donati a vari musei tra cui anche il Museo egizio di Torino. Le conoscenze astronomiche degli egiziani, in parte riscontrabili nella costruzione delle piramidi e di altri monumenti allineati secondo la posizione delle stelle, presentano come punto di forza il calendario. Il trascorrere della vita in Egitto era molto legato a quella del fiume Nilo e delle sue periodiche alluvioni, le quali avvenivano con una certa costanza, in genere ogni undici o tredici lunazioni. Gli egiziani si accorsero che l'inizio delle inondazioni avveniva quando si alzava nel cielo la stella Sirio (Sopdet per gli egizi) con un errore di 3-4 giorni al massimo.

Con questo riferimento sorsero diversi calendari, il primo era il calendario lunare di 354 giorni con mesi di ventinove o trenta giorni. Ma nel tempo si notarono errori di calcolo, così ne fu introdotto un secondo definito calendario civile di 365 giorni, con trenta giorni ogni mese e cinque epagomeni ogni anno. Ma anche questo calendario mostrava qualche differenza con la realtà. Così fu introdotto un ultimo calendario ancora più preciso, il quale possedeva un ciclo di venticinque anni in cui era aggiunto un mese intercalare nel 1°, 3°, 6°, 9°, 12°, 14°, 17°, 20°, e 23° anno di ogni ciclo. Questo calendario, molto preciso, fu utilizzato anche da Tolomeo nel II secolo d.C. e fu preso in considerazione sino ai tempi di Copernico. Da ricordare che i mesi di trenta giorni erano divisi in settimane di dieci giorni e in tre stagioni di quattro mesi detti: mesi dell'inondazione, mesi della germinazione, mesi del raccolto. Già dal 3000 a.C. gli egiziani avevano in uso la divisione delle ore diurne e notturne in dodici parti ciascuna: per le ore diurne usavano regolare il tempo con le meridiane, mentre per le ore notturne si servivano di un orologio stellare, in altre parole osservavano le posizioni di ventiquattro stelle brillanti. Le ore così misurate sia di giorno sia di notte avevano una durata diversa secondo la stagione, mantenendo comunque una durata media di sessanta minuti. Poi, per le ore notturne furono introdotti i "decani", in altre parole trentasei stelle poste in una fascia a sud dell'eclittica, ognuna delle quali indicava con maggior precisione l'orario.

Capitolo 3

L'oro la carne degli dèi. Il mito di El Dorado.

Figura 9

Trono segreto di Tutankhamon, metà del XIV sec. a. C. Il Cairo, Museo Egizio.

L'Egitto forse aveva la migliore scorta d'oro del mondo antico. Ma perché l'oro era così importante per gli Egizi?

Innanzitutto l'oro è incorruttibile, non si ossida, ed è simbolo di quell'eternità che gli Egizi hanno sempre cercato nella mummificazione dei corpi e nelle pratiche funerarie.

Inoltre l'oro era strettamente legato alle loro divinità; gli Egizi ritenevano, infatti, che "la carne degli dèi" fosse d'oro e le ossa di elettro, cioè d'oro bianco.

Forse più importante dell'aspetto religioso era il potere politico e la posizione preminente che l'oro assicurava a coloro che lo possedevano in grandi quantità.

Non solo. L'oro serviva anche all'aristocrazia faraonica per far costruire da abili artigiani collane, braccialetti, anelli, pendenti che indossavano in vita e che avevano poi la cura di far deporre nella tomba per poterne disporre nell'aldilà. Così l'oro, faticosamente estratto dal buio delle miniere, tornava ancora sotto terra nel buio delle tombe.

All'oro usato in gioielleria, si aggiungeva anche l'oro donato dai Faraoni ai sacerdoti, indispensabile ai templi e ai santuari per la celebrazione delle cerimonie giornaliere: vasi rituali e statue di culto. Alcuni grandi santuari erano proprietari non solo di estesi terreni agricoli ma anche di miniere aurifere.

Nei templi le pareti d'intere stanze erano rivestite di foglie d'oro e il pavimento di certe sale era cosparso di pezzetti dell'immortale metallo.

La punta degli obelischi, il "pyramìdion" (la cuspide piramidale), era coperto d'oro massiccio che all'alba rifletteva i raggi del sole appena spuntato sopra l'orizzonte a simboleggiare la rinascita della vita.

Uno spettacolo certamente stupefacente per gli abitanti dei villaggi ancora immersi nel buio che vedevano svettare sopra di loro gli obelischi (pesanti centinaia di tonnellate e che potevano superare i 30 m d'altezza) dalla cui cima s'irradiava una morbida luce dorata.

Inoltre gli orafi egizi erano talmente abili da riuscire a laminare l'oro in sottilissimi fogli (che non superavano gli

0,01 millimetri di spessore, quello di una cartina di sigarette), con cui erano rivestiti troni, mobili e molti altri oggetti come poggiatesta, archi, e le più svariate suppellettili. Dall'alba dei tempi gli uomini sono ammaliati da leggende che narrano di luoghi che custodiscono dei tesori nascosti.

L'uomo sembra quasi che "sia programmato geneticamente" per "amare l'oro". Oggi più che mai si suppone che l'oro, questo pregiato metallo, sia un'antica connessione fra l'Homo Sapiens e le stelle.

Alcuni teorici degli "antichi astronauti", fra tutti lo scrittore, studioso della civiltà Sumera, Zacharia Sitchin, hanno suggerito che "gli antichi alieni" sono venuti sulla terra per estrarre l'oro. Sitchin, in particolare, nei suoi libri diventati un cult dell'"archeologia misteriosa", per meglio dire dell'archeologia spaziale, del paleoufologia, narrava che gli Anunnaki, alieni abitanti del pianeta Nibiru[17], fra il 10.000 e l'8.000 a.C., dopo essere atterrati nella penisola del Sinai, ed essere sbarcati dalle loro astronavi, si stanziarono sulla Terra al fine di ricercare ed estrarre dalle miniere aurifere il prezioso metallo che sarebbe servito loro, a dire del defunto professore, per "riparare" e "migliorare" l'atmosfera del loro mondo morente; essi,

---

17 Nibiru è un presunto pianeta descritto, sulla base di una personale interpretazione delle scritture babilonesi, dallo scrittore Zecharia Sitchin nell'ambito della sua teoria che vorrebbe che all'origine della vita sulla terra ci sia una presunta civiltà extraterrestre. Tale sua personale teoria speculativa è del tutto priva di riscontri e di qualunque base scientifica. Nibiru per gli antichi Sumeri era il corpo celeste associato al dio Marduk. Il nome deriva dalla lingua accadica e significa punto di attraversamento o di transizione. Nella maggior parte dei testi babilonesi è identificato col pianeta Giove (nella tavoletta n. 5 dell' Enûma Eliš potrebbe essere la Stella Polare, che a quel tempo non era quella di oggi, ma Thuban o forse Kochab).

tuttavia, dopo aver per tanti anni lavorato nei siti minerari, resisi conto delle difficoltà oggettive che s'incontravano durante la lavorazione finalizzata all'estrazione del pregiato metallo, e ritenendosi, giustamente, degli astronauti, avendo rivenuto sulla Terra un ominide ai primordi della sua evoluzione, attraverso complessi esperimenti d'ingegneria genetica, crearono una nuova specie ibrida (Anunnaki–ominide) da utilizzare come schiavo da impiegare nel faticoso lavoro in miniera: nasceva così l'Homo Sapiens.

Degli alieni antichi hanno contribuito a forgiare la nostra storia? Se è così, potrebbero essere venuti qua alla ricerca dell'oro?

Le teorie di Sitchin sono esposte in una serie di libri facenti parte di un vasto progetto editoriale, iniziato nel 1976 e denominato *"The Earth Chronicles"* (Cronache della Terra). Come molti sostenitori della paleoastronautica, Sitchin era convinto che opere come la Bibbia, l'epopea di Gilgamesh, le iscrizioni reali degli Accadi e dei Sumeri, dovessero essere considerate come vere e proprie documentazioni storico-scientifiche; e da questi testi ne ricavò che la nascita e lo sviluppo della vita sulla Terra sarebbe stata guidata da esseri extraterrestri.

Nella Bibbia questi esseri sono chiamati col nome di Nephilim (o Nefilim, dalla parola ebraica Nafal, "caduti") che significa "coloro che sono scesi (o caduti) sulla Terra dal Cielo", mentre nella lingua degli Accadi questi esseri diventano gli Anunnaki, che letteralmente significa "coloro che dal cielo sono venuti sulla Terra". Gli Anunnaki, secondo Sitchin, avrebbero avuto un ruolo importante nella veloce evoluzione della civiltà umana e in particolare di quella sumerica.

I signori di Nibiru, sin dall'antichità, sarebbero scesi sulla Terra per sfruttare le risorse minerarie del nostro pianeta. All'inizio furono inviate delle sonde automatiche per verificare l'abitabilità del nostro mondo.

Quando il pianeta Nibiru giunse nel punto della sua orbita più vicino, alla Terra fu inviata una prima spedizione umana capeggiata da Enki[18], un nome che ricorre spesso nella mitologia dei Sumeri, fondatore della città di Eridu[19]. I luoghi scelti furono la Valle del Nilo, la Valle dell'Indo e la Mesopotamia.

Il sottosuolo mesopotamico, in particolare, era ricco di petrolio ed era possibile ottenere combustibile e fonti di energia per le strutture installate; il terreno pianeggiante favoriva la costruzione di veri e propri campi di atterraggio.

---

[18] **Enki** è un dio della mitologia sumera, più tardi conosciuto come **Ea** in accadico e nella mitologia babilonese. Originariamente era identificato come la divinità protettrice di Eridu, la capitale religiosa dell'antica Mesopotamia. Più tardi l'influenza del suo culto si diffuse in tutta la Mesopotamia, nella regione di Canaan e tra gli Ittiti e gli Hurriti. Era la divinità dei mestieri (*gašam*), del male, dell'acqua, del mare, dei laghi (*a*, *aba*, *ab*), della sapienza (*gestú*, letteralmente "orecchio") e della creazione (*Nudimmud*: *nu*, somiglianza, *dim mud*, fare orso). È stato associato alla fascia meridionale delle costellazioni chiamate *stelle di Ea*, ma anche con la costellazione **AŠ-IKU**, *il quadrato di* (Pegaso). Il suo numero sacro è il **40**.

[19] **Eridu** era la più meridionale fra le città che si erano sviluppate attorno ai templi nella bassa Mesopotamia. Molto probabilmente fu fondata vicino al golfo Persico, alla foce del fiume Eufrate, ma, a causa dell'accumulo di fango e detriti sulla linea costiera avvenuti attraverso i millenni, oggi i resti della città si trovano ad una certa distanza dal golfo, nella località di Abu Shahrain, in Iraq. Eridu sembra essere il primo agglomerato urbano dei Sumeri, cresciuto probabilmente attorno al V o IV millennio a.C.

I "visitatori" fondarono le prime città e costruirono dei veri e propri luoghi di lavorazione dei prodotti minerari a loro utili. Secondo Sitchin i nomi delle prime città sumeriche rivelano la funzione del Sumer come territorio di scambio o come base per le operazioni a terra degli "Dèi" e degli "dèi minori": Bad.Tibira era il "luogo luminoso dove era lavorato il minerale grezzo"; La.ra.ak ("Luce splendente da vedere") era un fuoco sempre acceso come un faro, sul quale si orientavano le navi spaziali in fase di atterraggio; Sippar ("Città degli Uccelli") era l'aeroporto spaziale; Shu.rup.pak ("Luogo del massimo benessere") era il centro della medicina. Enlil[20] fondò Nibru.ki ("posto di Nibiru sulla Terra") come sede di rappresentanza.

Alcuni ritrovamenti archeologici hanno contribuito ad accrescere il mistero. A Tell-Brak, un sito preistorico sul fiume Khabur, sono state recuperate dalla cosiddetta "piattaforma di mattoni grigi" del Tempio degli Occhi centinaia di piccole statuette di alabastro.

Le statuette, chiamate "Divinità Occhio", sono caratterizzate da uno strano cappello affusolato, mentre altre sembrano essere madri con bambino.

---

[20] **Enlil** è il dio dell'atmosfera della mitologia mesopotamica, ed insieme agli dei An/Anum ed Enki/Ea costituisce una triade cosmica. Considerato fra le divinità creatici del cosmo, secondo alcune tradizioni è colui che custodisce le Tavolette dei Destini. Gli era sacro il numero 50. Secondo la tradizione, sua moglie era Ninlil e i suoi figli Ninurta, Ishkur e Sin. Il suo più grande luogo di venerazione era l'Ekur, ossia il Tempio della Montagna a Nippur. Alcune tradizioni lo ritengono anche custode dei cento me, gli ordinamenti divini iscritti su tavolette, altre le vedono invece originariamente sotto la protezione di Enki, che per errore le cedette ad Inanna.

La forma vagamente umanoide di alcune di queste statue ha alimentato la fantasia dei sostenitori della paleoastronautica.

Rappresentazioni di extraterrestri divinizzati?

Le "Divinità Occhio" sarebbero la sintesi di un culto legato a esseri supremi che lo stesso Sitchin vede come personaggi dotati di pesanti tute spaziali oppure come oggetti assimilabili ai moderni satelliti terrestri.

Nel suo libro *"La Genesi"*, Sitchin affermava che durante la missione degli Anunnaki sulla Terra, alcune unità rimasero in orbita a occuparsi della navetta spaziale, oltre che a osservare dall'alto ciò che avveniva sul pianeta. Il termine sumero che li definisce è Igi.gi, e significa "coloro che osservano e vedono".

I "visitatori" però non erano venuti sulla Terra soltanto per osservarla. Consideravano molto utile e prezioso l'oro e cominciarono a estrarne in gran quantità soprattutto in Africa (nell'odierno Zimbabwe).

Con il passare del tempo le operazioni di raccolta diventavano sempre più faticose. Accadde che gli Anunnaki smettessero di prendere ordini dai signori di Nibiru e decisero di ammutinarsi.

Fu così che per alleggerire il lavoro decisero di creare una razza di lavoratori sfruttando forme di vita già presenti sulla Terra. All'inizio cercarono di fare incroci tra diverse specie.

Infine, il grande passo fu compiuto: in una zona dell'Africa orientale viveva un ominide dall'aspetto scimmiesco che sembrava, più di ogni altra creatura, predisposto a essere modificato geneticamente.

Un ovulo di ominide femmina fu fecondato con il seme di un Anunnaki, dando origine a una creatura ibrida detta "Lulu", ovvero "il misto". Tale creatura fu chiamata Adama, ovvero il "venuto dalla terra", e da essa ebbe origine il genere umano. Sitchin ritiene che le cronache sumeriche riportino la storia della creazione dell'uomo in modo corretto, sia dal punto di vista del tempo che del luogo. Dopo di ciò ebbe inizio "il Regno degli Dèi" sulla "Terra dei due Fiumi" con la fondazione di Eridus, circa 428.000 anni fa. Per 144.000 anni, pari a quaranta rivoluzioni dell'orbita di Nibiru, gli Anunnaki avevano sopportato il pesante lavoro che i signori di Nibiru imponevano loro di fare, prima di ribellarsi. Ciò significa che il "Lulu" è apparso sulla Terra circa 280.000 anni fa, "di là da Ab.zu", cioè a nord dello Zimbabwe. Ed è precisamente a quell'epoca e in quella regione dell'Africa Orientale che i paleoantropologi fanno risalire la comparsa dell'Homo Sapiens sulla Terra. All'inizio gli uomini erano impiegati come lavoratori nelle miniere e laddove fosse necessaria la forza manuale. In seguito, gli Anunnaki diedero loro un'istruzione sommaria e informazioni concernenti il pianeta Nibiru. Agli uomini fu anche concesso di costruire dei villaggi di capanne disposti intorno alle basi aliene. Gli uomini si diffusero ben presto su tutta la Terra ma questa proliferazione preoccupò gli Anunnaki, che si trovarono impreparati a gestire i problemi derivanti da una simile mole di popolazione. A modificare gli eventi in modo inaspettato giunse una catastrofe ricordata in tutte le mitologie del mondo come il Diluvio Universale. Sitchin ipotizzava che la causa di quest'evento fu, al termine dell'ultima glaciazione cioè circa 13.000 anni fa, uno slittamento della massa di ghiaccio delle calotte polari che provocò un'ondata tale da sommergere interi paesi costieri e l'entroterra di numerosi continenti. Tutto ciò che gli Anunnaki avevano costruito, fu distrutto nell'arco di pochi mesi durante quella gigantesca inondazione. Gli alieni non fecero niente per salvare l'umanità, limitandosi a mettere in salvo loro stessi decollando a bordo delle astronavi. Se le cose stanno così, dove sono oggi gli Anunnaki?

Le loro visite avrebbero luogo ogni 3.600 anni, cioè ogni volta che Nibiru, nel percorrere la sua lunghissima orbita, si avvicina maggiormente alla Terra. Se esiste, si tratta di un pianeta che descrive un'orbita irregolare e il cui punto più vicino al Sole si trova tra Marte e Giove. Prendendo come partenza la data del Diluvio (all'epoca Nibiru si sarebbe trovavo in un punto abbastanza vicino alla Terra), calcolata attorno all'11600 a.C., tenendo conto dei passaggi già avvenuti attorno l'8000 e il 4400 a.C., il prossimo passaggio si avrebbe attorno all'anno 2800. Il pianeta, dopo aver raggiunto nell'anno 1000 il punto più lontano dal Sole, avrebbe già percorso più della metà del viaggio di avvicinamento alla Terra. Per Sitchin il fenomeno degli UFO è da collegare alla normale attività di controllo e osservazione dei messaggeri degli Anunnaki (probabilmente dei robot o delle biomacchine che guidano questi oggetti), che vigilano sulla Terra in attesa del ritorno dei loro padroni. Secondo Sitchin sarebbero questi gli Angeli descritti nel Vecchio Testamento; questi esseri sono spesso chiamati anche "Guardiani" o "Malachim", che in ebraico significa "messaggeri".

A sostegno di questa teoria fa notare la somiglianza di alcune statuette raffiguranti i Malachim[21], eseguite circa

---

[21] Nella tradizione ebraica (Torah e Libro di Enoch), gli angeli, malachim, non erano esseri spirituali, ma figure potenti e talora pericolose, non ben distinte dagli elohim, gli dèi: si pensi, ad esempio, all'angelo contro cui lottò Giacobbe-Israele, dai più interpretato come uno spirito del luogo.

Israele, infatti, significa "colui che lotta contro un dio" (el vale dio). I malachim sono descritti con connotati non molto diversi da quelli degli uomini: mangiavano, bevevano, concepivano desideri umani. Quando gli Ebrei vennero in contatto con la cultura persiana, gli angeli cominciarono a spiritualizzarsi. Zarathustra, infatti, credeva che gli ahura fossero spiriti della luce, alleati del dio del bene, Ahura Mazda, mentre i deva erano i demoni al servizio di Ahriman, il dio del male. Non era stato sempre così: i deva, nella tradizione indoeuropea anteriore, erano stati dèi se non benevoli, neppure negativi. Deva è collegato alla radice dev/di che significa luminoso (si pensi al latino deus e all'inglese day). Da deva, come è evidente, deriva devil, diavolo, anche assimilabile a Lucifero, il portatore di luce, ritenuto il capo degli angeli ribelli che, nel libro di Enoch, è Semeyaza. Sembra quasi che il ruolo dei diavoli e quello degli angeli siano intercambiabili: i daimones degli antichi greci erano dèi intermedi, quasi sempre benigni: insomma i demoni erano degli angeli. La parola daimon, che indica una potenza mediana, ha dato origine al vocabolo "demonio", inteso come uno di quegli esseri malefici e tentatori degli uomini, quali sono descritti nell'ambito del Nuovo Testamento e della patristica. I daimones antichi furono trasformati in demoni dai Padri della Chiesa che, però, guardavano con diffidenza ai "messaggeri" delle credenze ebraiche e mazdee: si ricordi come Paolo considera gli angeli. Il falso apostolo di Gesù, nella Lettera ai Colossesi, ammonisce i destinatari: "Nessuno prenda partito contro di voi, compiacendosi nelle misere pratiche del culto degli angeli, facendosi avanti con le proprie visioni, gonfio d'orgoglio per i suoi pensieri carnali". È palese che l'ex fariseo della Cilicia non ha una grande considerazione degli angeli, se reputa che l'adorazione tributata loro sia "misera".Come ci ricorda la teologa Uta Ranke-Heinemann, la venerazione degli angeli fu proibita dalla Chiesa nell'VIII secolo: il sinodo presieduto da papa Zaccaria accettò solo i nomi di Gabriele, Raffaele e Michele, mentre vietò tutti gli altri. Più tardi i cattolici stabilirono una gerarchia comprendente serafini, cherubini, troni, dominazioni, virtù, potestà, principati, arcangeli, angeli. Gli esseri che, nel libro di Daniele, combattevano gli uni contro gli altri, diventarono le schiere alate di Dio della pittura medievale e rinascimentale, mentre i diavoli grotteschi e burloni della Divina commedia finirono sui tarocchi. In questo gioco delle parti, non si sa più dove si addensi la luce e dove splendano le tenebre. Un noto libro di Karla Turner si intitola Masquerade of angels, ad indicare che creature dalle sembianze angeliche nascondono intenzioni ostili. Potrebbe essere vero, in qualche caso, anche il contrario.

5500 anni fa dalle popolazioni mesopotamiche, con i cosiddetti "grigi"[22] gli alieni macrocefali più frequentemente descritti dai testimoni degli UFO[23].

---

22 Grigi (conosciuti anche come Alieni di razza Alfa, Zeta o Reticuliani (in base al sistema stellare, ζ Reticuli appunto, che è stato loro attribuito dagli ufologi) sono la tipologia di vita extraterrestre intelligente che appare più di frequente nelle moderne teorie del complotto (soprattutto tra quelle di stampo ufologico) ed in altri fenomeni paranormali correlati al fenomeno UFO, in particolare i casi di rapimento alieno. Appaiono abbastanza di frequente anche in film e fiction TV di fantascienza e tra i miti del Movimento raeliano. L'associazione tra i Grigi e il sistema stellare di Zeta Reticuli deriva indirettamente dal racconto di un presunto rapimento alieno subito dai coniugi Hill del New Hampshire (USA) nel 1961: anni dopo il presunto evento Betty Hill disegnò, sotto ipnosi regressiva, una mappa stellare che mostrava le posizioni relative della patria degli alieni grigi e del Sole; l'ufologa Marjorie Fish la interpretò come una mappa che indicava Zeta Reticuli come sede degli alieni. Gli astronomi mettono in evidenza che la mappa è troppo vaga per puntare accuratamente verso un qualsiasi sistema stellare. I Grigi vengono descritti generalmente come umanoidi di bassa statura, snelli, completamente glabri e di pelle grigia (da cui il nome), con grandi teste, enormi occhi a mandorla ricoperti da una membrana nera che servirebbe a proteggerli dal sole e piccole bocche, spesso prive di labbra. Qualcuno nota in ciò una forte somiglianza con i neonati umani, ovvero assomiglierebbero ad uomini adulti con caratteristiche infantili. Altri hanno paragonato le sembianze dei Grigi a quella dei feti. I Grigi sembrano aver rimpiazzato la nozione di "omini verdi" come stereotipo di extraterrestre della cultura popolare.

23 UFO è l'acronimo inglese per Unidentified Flying Object o Unknown Flying Object, ovvero oggetto volante non identificato, espressione con cui si indica ogni fenomeno aereo le cui cause non possono essere individuate facilmente o immediatamente da un osservatore. La United States Air Force, che ha coniato il termine nel 1952, ha inizialmente definito UFO quegli oggetti che rimangono non identificati in seguito alle verifiche di esperti, anche se oggi il termine UFO è comunemente utilizzato per riferirsi a qualsiasi avvistamento non identificabile, indipendentemente dal fatto che sia stato verificato. Crescenti segnalazioni di UFO sono avvenute dopo il primo avvistamento ampiamente pubblicizzato negli USA, segnalato dal pilota Kenneth Arnold il 24 giugno 1947, che ha dato origine ai termini popolare "disco volante". Il termine UFO è divenuto sinonimo di navi spaziali aliene nella

Il mito di El Dorado.

Il lago Guatavita, in Columbia, un antico cratere meteoritico, è stato per secoli accostato alla città dell'oro per antonomasia: "El Dorado".

Dal XVI sec. d.C. El dorado è stato il Santo Graal dei cacciatori di fortune. A tutt'oggi, tuttavia, la mitica città non è stata ancora trovata. Alcuni credono che Eldorado, o ciò che ne è rimasto, con i suoi antichi tesori d'oro, siano in qualche modo nascosti sul fondo del lago Guatavita.

Figura 10

Il lago Guatavita.

cultura popolare e la maggior parte delle discussioni sugli UFO ruota attorno a questa tesi. Il concetto di UFO si è evoluto in un mito di primo piano nella cultura moderna, con appassionati e devoti che hanno istituito organizzazioni e culti religiosi. Alcuni ricercatori ora preferiscono usare il termine più ampio di "Unidentified Aerial Phenomenon" (o UAP) ovvero fenomeno aereo non identificato, per evitare la confusione o le associazioni speculative con il termine UFO. Un altro noto acronimo di UFO in spagnolo, francese, portoghese e italiano è OVNI (rispettivamente Objeto Volador No Identificado, Objeto Voador Não Identificado, Objet volant non identifié o appunto Oggetto Volante Non Identificato).

Si narra che gli abitanti della regione in cui è ubicato il predetto lago (vedi Figura 10) possedessero tantissimo oro. Quest'antico popolo, noto come i Muisca, un'antica civiltà coeva degli Inca, governata nella parte meridionale di quel territorio da un sovrano a nome Zipa, si narra che lavorassero questo pregiato metallo e che fossero degli abili orafi.

Figura 11

Zipa raggiunge il centro del lago Guatavita su una chiatta reale al fine di offrire dell'oro al dio che pensava vivesse sul fondo del medesimo lago.

I Conquistadores che arrivarono nel XVI sec. d.C. chiamarono il re Zipa con il nome di "El Dorado" che in spagnolo significa "quello dell'oro". Questo nome deriva dal più sacro rituale Muisca.

La leggenda narra che Zipa raggiungesse il centro del lago su una chiatta reale (vedi Figura 11) al fine di offrire dell'oro al dio che pensava vivesse sul fondo del lago.

Si narra, altresì, che Zipa fosse, durante la cerimonia, ricoperto di resina d'oro e che sovente si scrollasse di dosso la patina d'oro lavandosi con l'acqua del lago; così facendo, nel corso degli anni, si accumulò tantissimo oro sul fondo del lago. E' così che si diffuse la leggenda di El Dorado nei pressi della Columbia.

Gli indigeni americani, che facevano largo uso di monili in oro, fecero pensare agli spagnoli di essere giunti vicino a un luogo mitico ricco di oro dove i bisogni materiali fossero appagati. Uno dei primi spagnoli a cercare un luogo mitico fu Juan Ponce de Leon, che nel 1513 cercò in Florida la fonte dell'eterna giovinezza, leggenda che aveva le sue origini nel medievale Romanzo di Alessandro. Hernán Cortés e Francisco Pizarro, nel conquistare l'impero azteco e inca rispettivamente credettero di essere giunti in questo luogo leggendario ma poi la loro sete di potere e ricchezza li spinse a continuare la ricerca.

Furono proprio i tesori riportati in Spagna da questi Conquistadores a spingere i banchieri Welser di Norimberga a farsi coinvolgere nella ricerca dell'El Dorado.

I Welser avevano ottenuto dall'Imperatore Carlo V i diritti di sfruttamento delle risorse naturali della colonia del Venezuela, a garanzia del prestito di centoquarantunmila ducati, necessari a corrompere i Grandi Elettori che lo elessero Sacro Romano Imperatore.

Capitolo 4

Perù: la terra degli dèi. Il lago Titicaca. Markawasi. Cahuachi.

Figura 12

Porta di Hayu Marca (Gate of the gods/spirits) in Perù.

I luoghi misteriosi del nostro pianeta sono numerosi e gli UFO sono spesso avvistati vicino a queste aree. E' possibile che anche gli antichi extraterrestri abbiano visitato questi luoghi?

Molti teorici degli antichi astronauti considerano il Perù, un punto focale dell'attività UFO ed extraterrestre sul nostro pianeta.

Il Titicaca è un lago (8.330 km^2) situato tra Bolivia e Perù su cui avvengono strani fenomeni luminosi. È il lago navigabile posto alla maggiore altitudine (3.812 m sopra il livello del mare) e presenta una profondità massima di 281 metri. Molti testimoni affermano di aver visto uscire dal lago degli UFO.

La gente di quel luogo parla, da sempre, di avvistamenti di grandi globi di luci blu o di dischi luminosi.

Sono stati, perfino, riportati alcuni avvistamenti di esseri, descritti come alti, pallidi, assolutamente diversi dalla popolazione locale che ha pelle e capelli scuri. Una misteriosa struttura di roccia, somigliante una porta, è stata recentemente scoperta nelle Hayu Marca Mountain nella regione del Perù meridionale, a 35 Km dalla città di Puno, chiamata dagli Indiani: Città degli Dèi. La zona non è mai stata totalmente esplorata a causa del terreno impervio. Molte delle strutture/caverne della zona possono far pensare a strutture artificiali. La porta, o "Porta di Hayu Marca" (Gate of the gods/spirits) è stata ricavata da una parete di roccia naturale e le sue misure sono 7 metri di altezza per 7 metri di larghezza con una piccola alcova nel mezzo che misura poco meno di 2 metri di altezza. Jose Luis Delgado Mamani ha scoperto la struttura mentre si allenava in arrampicata: Jose è, di fatto, una guida per escursionisti di montagna. "Quando ho visto la porta per la prima volta... " dice Mamami in un'intervista "... quasi non l'ho notata. Io ho sognato diverse volte un posto come questo ma, nel sogno, il pavimento era ricoperto di marmo rosa e anche ai lati erano poste delle statue dello stesso materiale. Nel sogno ho anche visto la piccola porta (l'alcova) aperta e dall'interno proveniva una luce brillante di colore blu; sembrava quasi un tunnel che brillava. Ho parlato molte volte del sogno con i miei familiari e quando finalmente ho scoperto la struttura, è stata quasi una rivelazione di Dio... Come fai a dare una spiegazione di questo strano avvenimento ?"

Dopo la scoperta della porta, Mamani ha contattato le autorità archeologiche in Puno, La Paz e Lima; nel giro di poco tempo la zona è stata visitata da archeologi e storici Inca. Saltò fuori che tra gli Indiani nativi della regione, era nota una leggenda che raccontava di "un passaggio per la terra degli Dèi".

Nella leggenda è narrato che in un lontano passato, i grandi eroi erano andati a incontrare i loro Dèi; passando per la porta si preparavano per una nuova vita immortale e talvolta tornavano, attraversando la stessa porta con gli Dèi per "ispezionare le terre del loro regno." Un'altra leggenda dice che al tempo dei saccheggiamenti e trafugazioni d'oro degli Inca da parte dei Conquistadores spagnoli, un sacerdote Inca del tempio dei sette raggi, chiamato Aramu Maru, scappò dal suo tempio con un disco d'oro sacro conosciuto come "La chiave degli Dèi dei sette raggi" e si nascose tra le montagne di Hayu Marca. Il sacerdote fu visto da alcuni sciamani nei pressi della porta, con il loro aiuto iniziò il rituale e aprì (con il disco) la piccola porta (l'alcova) dalla quale fuoriusciva una luce blu brillante. Aramu Maru consegnò il disco a uno sciamano e attraversò la porta: non fu mai più rivisto.

Gli archeologi hanno scoperto una piccola sede circolare alla destra dell'alcova e suppongono che sia il posto dove il disco era posto per il rituale.

Secondo alcune persone, che hanno posato le mani sulla piccola porta, è stato avvertito un flusso di energia, un qualcosa di strano come visioni di stelle, colonne di fuoco e un'insolita musica ritmica. Altri ancora dicono di percepire l'esistenza di un tunnel all'interno della struttura, tuttavia nessuno ancora è riuscito ad aprire la porta.

Al contrario le opinioni professionali dicono che in questo periodo non c'è nessuna porta nell'alcova e che tutta la struttura sarebbe stata ricavata da un unico blocco.

E' interessante notare come, in maniera inequivocabile, il complesso ricorda "La porta del sole " di Tiahuanaco e altri cinque siti archeologici uniti tra loro da linee immaginarie che guarda caso s'incrociano in un punto che sulla carta geografica corrisponde all'altopiano e lago Titicaca. Nuovi rapporti da questa regione, negli ultimi venti anni, hanno indicato numerosi avvistamenti UFO in tutta l'area.

La leggenda sopra riportata finisce con una profezia: la porta degli Dèi sarà un giorno riaperta "... molte volte più grande di com'è adesso... e permetterà agli dèi di ritornare nelle loro navi solari".

Figura 13

Il "monumento all'umanità" a Markawasi.

Ma il lago Titicaca non è il solo luogo, in Perù, che ricorderebbe l'atterraggio di antichi astronauti sul nostro pianeta; altri luoghi, infatti, del sud dell'America conservano ancora oggi i resti, o per meglio dire le testimonianze archeologiche, di questo contatto avvenuto fra la civiltà umana e una civiltà extraterrestre all'alba della nostra civiltà.

Markawasi.

Figura 14

Conosciuto come un luogo che è oltre il tempo, il misterioso Markawasi, una "foresta di pietra", sorge a 12.800 piedi su un crinale sito a ovest delle Ande. L'enfasi del paesaggio antico di questa montagna di tre miglia di lunghezza, un tavolo di statue scolpite, tra una replica della razza umana, nonché il lungo di animali estinti. Nel sito si possono trovare sfingi alate, elefanti, cammelli, e le raffigurazioni di animali sconosciuti.

Nel 1952 il ricercatore Denil Ruzo rimase a Markawasi (nell'altopiano di Marcahuasi, a oltre 4000 metri di altezza s.l.d.m. nella cordigliera delle Ande, nel comune di San Pedro de Casta, regione di Lima, uno dei luoghi più enigmatici dell'intero Perù) per vari anni studiando le rocce e cercando d'interpretare quelle che secondo lui erano enigmatiche statue scolpite da un'antichissima cultura megalitica che lui denominò Masma. Bisogna accennare che Daniel Ruzo fu affascinato dall'esoterico peruviano Pedro Astete (1871-1940). Il nome Masma deriva, infatti, da un sogno di Astete che fu riferito a Ruzo.

Secondo i più scettici, queste formazioni rocciose non sono altro che il prodotto dell'erosione del vento e solo la fantasia di pittoreschi viaggiatori le trasforma in opere degli antichi. Secondo Daniel Ruzo (1900-1991), invece, l'altopiano di Marcahuasi fu, ben ottantacinque secoli or sono (6500 a. C), il centro di un'antica cultura post-diluviana.

Secondo Daniel Ruzo quest'antico popolo viveva nell'altopiano per vari ragioni: difendersi dagli attacchi dei popoli della vallata, poter disporre di fonti d'acqua pura per tutto l'anno, e soprattutto, vivere il più vicino possibile al Sole, che era considerato il Dio generatore dalla maggioranza delle culture andine, incluso quella degli Incas.

Ecco un frammento del libro "*La Historia fantastica de un descubrimiento*", di Daniel Ruzo, pubblicato nel 1973: «*La più imponente delle montagne sacre della Terra, quella dove vi sono le sculture litiche più belle, sta alle porte di Lima, a ottanta chilometri dall'Oceano Pacifico, nelle Ande. Un popolo grandioso, fondatore di una cultura completa, costruì nell'altipiano di Marcahuasi, ottantacinque secoli fa, un complesso sistema per imbrigliare le acque, e poterle utilizzare per l'agricoltura durante i mesi secchi. Convertì la meseta in una fortezza inespugnabile e in un centro religioso con quattro enormi altari. Consegnò i suoi morti ai condor e scolpì centinaia di massi convertendoli in meravigliose opere d'arte che nessuno può negare. Per tutto ciò ci vollero così tante ore di duro lavoro che possiamo concludere che questa civiltà mantenne per secoli un'economia fiorente.*»

Marcahuasi è una splendida zona del Perù. Si dice che abbia un'energia molto strana. Chi l'ha visitata avverte bizzarri tipi di energia.

I locali dicono che è il luogo dei "maghi e degli spiriti", degli antenati, e lo trattano con molta venerazione. Chi c'è stato riferisce di un particolare tipo di frequenza e di energia: una sorta di euforia.

Molti geologi considerano le numerose formazioni prodotti naturali, nati da milioni di anni di erosioni e da altri processi geologici, ma forse c'è qualcosa di più di quello che si vede.

Alcuni considerano Markawasi un enorme parco di sculture, pieno di un enorme quantità di pietre intagliate lasciate da una civiltà antica. In questa regione le pietre non sono semplici pietre, ma una specie di parco di divertimenti degli dèi. Ci si chiede, pertanto, si tratta di un semplice fenomeno naturale o è qualcosa di più? Potrebbe non essere una semplice raccolta di rocce ma un santuario di monumenti di pietre realizzate da un popolo migliaia di anni fa?

C'è chi crede che le formazioni rocciose raffigurino animali e popoli non indigene del sud dell'America, sembrano figure come una regina africana, il dio Egizio Taweret, rappresentato da un ippopotamo in piedi, un cammello, e molte altre. Una formazione, nota come il "monumento all'umanità", raffigura quello che sembra un volto occidentale, da un lato, e uno mediorientale, dall'altro. E' davvero possibile che tante rappresentazioni di figure di tutto il mondo si trovino per coincidenza sull'altopiano? Se sono opera dell'uomo, chi li ha scolpiti?

Secondo Yuri Leveratto[24] , che unitamente al ricercatore peruviano Paul Mazzei nel 2009 ha eseguito una prima spedizione a Markawasi, poi bissata nel 2011, «*il primo studioso che esplorò Marcahuasi e lo analizzò da un punto di vista scientifico fu il più grande archeologo peruviano, Julio C. Tello. Nel 1923 percorse la meseta di Marcahuasi e, dopo attente analisi delle urne funerarie, delle mummie incontrate e anche della ceramica rinvenuta in situ, stabilì che i costruttori della cittadella pre-incaica dovevano appartenere alla cultura Yunga o a quell'Huanca (attive dall'800 d.C. fino alla conquista di Pachacutec, nel 1476 d.C.). Secondo Tello il luogo chiamato la fortaleza (la fortezza), un insieme di enormi massi disposti uno sull'altro, situati molto più lontani del cosiddetto anfiteatro, non era altro che un luogo sacro dove gli Yunga facevano i loro riti sacri e adoravano la loro Divinità, chiamata Wallallo.*»

Levaratto, inoltre, aggiunge: «*Anche il famoso scrittore italiano Peter Kolosimo descrisse Marcahuasi nel suo libro "Non è terrestre", dando a intendere che gli artefici delle strane sculture furono degli "Dèi venuti dal cielo", in un periodo remotissimo, di poco successivo al diluvio.*»

---

[24] Yuri **LEVERATTO** è nato a Genova, nel 1968. Laureato in Economia, ha vissuto a New York, dove ha lavorato come guida turistica, e poi, dal 1999, si è imbarcato sulle navi da crociera. Attualmente vive in Colombia, dove lavora nel settore turistico. Nel 2006 ha scritto il racconto Siamo tutti marittimi!?, il cui ricavato è stato versato alla fondazione per l'infanzia Casa Italia di Cartagena de Indias. Con Infinito edizioni ha pubblicato La ricerca dell'El Dorado. La conquista europea del Nuovo Mondo (febbraio 2008).

Gestisce il sito internet http://www.yurileveratto.com/ contenente i resoconti delle sue spedizioni archeologiche presso alcuni siti in Perù, Colombia, Brasile.

Precisando, infine:

«A mio parere solo poche pietre sono state realmente scolpite dall'uomo, mentre la maggioranza sono solo il prodotto dell'erosione del vento e della pioggia durante milioni di anni. Sarebbe però auspicabile che si potessero condurre degli studi più approfonditi sulla cittadella pre-incaica, per far luce sulla cultura Yunga (o la Huanca), che la costruì, circa dodici secoli or sono. Le intuizioni di Ruzo e di Kolosimo però, anche se non sono supportate dalla prova scientifica delle datazioni, né dal metodo archeologico stratigrafico, devono essere prese in considerazione e rispettate, se non altro perché possono aprire la strada a nuove e importanti ricerche che potrebbero portare a risultati stupefacenti.»

In effetti, nella meseta di Marcahuasi non tutto è stato esplorato: nella zona chiamata Infiernillo vi sono dei passaggi sotterranei, dove Ruzo aveva tentato d'inoltrarsi, ma aveva dovuto desistere a causa della rarefazione d'ossigeno (ricordiamoci che in alcuni punti della meseta si raggiungono i 4200 metri e Ruzo aveva già sessanta anni).

Per esplorarli ci vorrebbe un equipaggiamento sofisticato che dovrebbe includere bombole d'ossigeno e tute termiche. Inoltre, a solo nove chilometri da Marcahuasi c'è uno stranissimo volto scolpito nella roccia di grandi dimensioni.

Per certi aspetti ricorda la faccia di Marte che fece scalpore qualche tempo fa.

Potrebbe essere solo uno strano gioco di luce, ma in ogni caso sarebbe interessante organizzare un'esplorazione nella zona per verificare sul campo se vi siano evidenze archeologiche.

Come si vede Marcahuasi racchiude in sé ancora molti misteri, ai quali solo poche persone, dalla mente aperta e libera, possono accedervi. Forse il segreto di Marcahuasi, come quello dell'antica cultura megalitica che dominò il Sud America subito dopo il diluvio, è nascosto in qualche caverna nelle Ande. La nostra civiltà, non troppo interessata agli enigmi del passato, distratta e occupata a consumare le risorse senza preoccuparsi dell'ambiente, ha perso di vista gli antichi insegnamenti dei nostri antenati, ma sono certo che recuperarli potrebbe migliorare la nostra vita sulla Terra sul piano del rispetto reciproco verso gli umani e gli animali e su quello della spiritualità."

Figura 15

Viracocha, la massima divinità degli Inca.

Le leggende locali dicono che si trattava di un luogo dove abitavano antichi dèi Giganti, e che siano stati loro a crearlo. Infatti, quando i cronisti spagnoli arrivarono in Perù e studiarono le antiche religioni sciamaniche locali, raccontarono la storia del dio Viracocha, arrivato sotto forma umana per percorrere e ispezionare alcune sue terre. Egli impartì alcuni ordini ma alcune nazioni ribelle non fecero quello che era stato loro richiesto e allora li trasformò subito in pietra. Nelle leggende degli Inca, si dice che il dio Viracocha ha creato la Terra, il cielo e gli uomini. La gente ha sfidato Viracocha così egli ha deciso di ucciderli tutti. Una grande alluvione si è abbattuta sulla terra ed ha annegato tutti, ma due uomini, un maschio e una femmina, che si nascondevano in una scatola, furono condotti sulle acque sino a Tihuanaco, luogo in cui le acque si ritirarono. Dopodiché questo dio ha perdonato i due superstiti e creato diverse tribù più numerose di persone provenienti dall'argilla.

Egli diede loro respiro e la vita, le loro lingue e canti, e semi per loro affinché li piantassero e coltivassero i campi. Viracocha diffuse queste nazioni di persone nel mondo attraverso passaggi sotterranei. Quando era ancora buio, Viracocha creò il Sole, la Luna e le stelle che egli ha inviato in cielo dal lago Titicaca.

Cahuachi.

Figura 16

La Grande Piramide di Cahuachi.

Cahuachi, in Perù, fu un centro cerimoniale della civiltà Nazca dal I fino al VI secolo, situato a circa 30 km, in direzione sud est, dall'attuale città di Nazca, sulla costa centrale del Perù, all'interno della conca idrografica del fiume Rio Grande de Nazca, vicino alle famose linee. Il suo nome significa luogo dove vivono i vedenti.

Intorno al 500 d.C. i Nazca scomparvero misteriosamente, lasciando che Cahuachi cadesse in rovina.

Millequattrocento anni dopo, nel 1910, un antropologo, durante uno scavo, riportò alla luce uno dei manufatti più sorprendenti e shoccanti che abbia mai visto: dei teschi con crani enormi e allungati. Da dove vengono? Come sono arrivati lì? E soprattutto, sono umani?

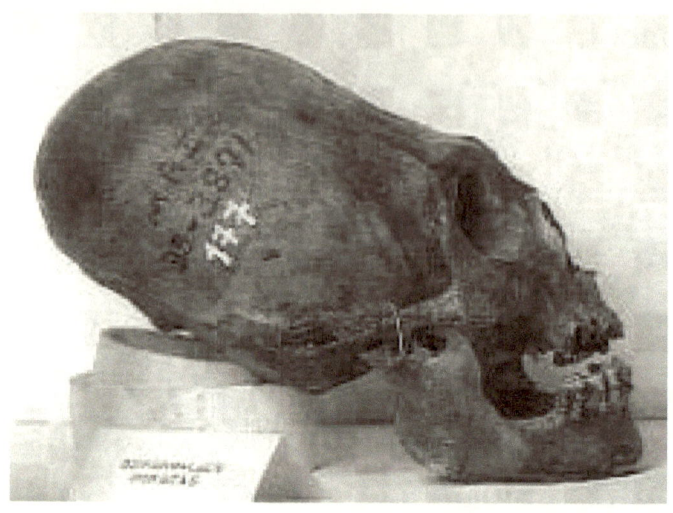

Figura 17

Un cranio dalla forma allungata, rinvenuto in Perù.

Già nel 1851 nel libro *"Peruvian Antiquities"* gli studiosi Mariano Edward Rivero e John Javes Tschudi portarono all'attenzione della comunità scientifica le diverse connotazioni dei teschi degli antichi peruviani. I due autori ipotizzarono l'esistenza di tre diversi ceppi umani coesistenti nello stesso periodo, avendo trovato tre diverse forme craniche tra i resti analizzati. In particolare, il terzo tipo di cranio ha una forma allungata verso la zona parietale/occipitale. Nello stesso libro è spiegato come anche bambini di giovane età e feti non ancora nati possedevano questa strana struttura cranica. Nel 1902, dall'altra parte del mondo, furono scoperti nei pressi di Hal-Saflieni alcuni teschi molto deformati.

La forma ricordava quella dei teschi peruviani, ma la lunghezza della deformazione era ben più estesa. Inoltre su alcuni dei crani erano visibili chiari segni di costrizioni.

Al momento della nascita la testa dei neonati era stata fasciata in modo da costringere il cranio a svilupparsi verso l'indietro. Tale malformazione indotta, secondo alcuni studiosi, può portare gravi disturbi motori, forti dolori costanti e difficoltà cognitive. La particolare conformazione dei crani peruviani, e la differenza di struttura che si presenta in un confronto più tardi con crani americani, sono stati ripetutamente i soggetti di studio particolare per i naturalisti.

Per spiegare queste differenze, si è formulato ricorso a diverse ipotesi, nessuna delle quali sono soddisfacenti. Secondo le recenti e scrupolose osservazioni del dottor JD Yon Tschudi, il quale, dalla sua lunga permanenza in Perù, aveva la disponibilità di centinaia di crani degli antichi abitanti di quel paese, sembra che tre razze distinte vi abbiano dimorato prima della fondazione del regno degli Incas.

Il cranio, visto dalla parte anteriore, rappresenta una piramide tronca con la base rivolta verso l'alto, il volto è piccolo, le orbite sono trasversalmente ovali, la mascella superiore discende quasi perpendicolarmente, gli zigomi brevi, la curvatura dell'osso frontale appena percettibile, quasi perpendicolare fino all'arco sopraccigliare. Le protuberanze frontali sono ben distinte, così come le protuberanze parietali, formando ai lati i punti salienti del cranio.

Anche nella zona della mesopotamia, dove vi furono altri ritrovamenti di teschi allungati, vi è una storia riguardante degli Dèi scesi sulla Terra per poi accoppiarsi con donne umane: gli Anunnaki.

Vi è anche un'altra razza di non-umani discesi sulla Terra che si sono accoppiati con delle donne umane: I Nephilim[25].

La loro storia c'è raccontata dalla Bibbia e dal Libro di Enoch. Nella Bibbia il termine Nephilim è tradotto a volte come giganti e a volte come angeli. In Genesi (6:1-4) ci si riferisce ai Nephilim come ai figli di Dio, da qui la traduzione in angeli, e si descrive come fosse un loro diritto sposarsi con le figlie degli uomini che sceglievano.

In definitiva Nephilim e Anunnaki hanno molto in comune, è quindi possibile ipotizzare che fossero la stessa popolazione? E se così fosse, da dove venivano e dove andarono? Forse Sitchin ha trovato la risposta nel suo libro *"Il pianeta degli Dèi"*? Ritorniamo al sito archeologico di Cahuachi, in Perù. L'archeologo italiano Giuseppe Orefici ha eseguito scavi sul sito per qualche decade, portando con sé una squadra ogni anno. Nel sito sono presenti oltre quaranta monticelli sulla cui cima vi sono strutture fatte in adobe. Il sito è stato studiato anche da Helaine Silverman, che ha scritto un libro su Cahuachi.

L'ampia zona di scavo si trova sulla riva sinistra del Rio Nasca, corso d'acqua a carattere torrentizio il cui volume idrico dipende dalle piogge che cadono sui monti della sierra andina, fenomeno che condiziona gran parte della vita nell'ampia vallata.

---

25 L'appellativo Nephilim (in ebraico הַנְּפִלִים), presente nell'Antico testamento (Torah), in diversi libri non canonici del Giudaismo e in antichi scritti cristiani, si riferisce ad un popolo creato dall'incrocio tra i "figli di Dio" (benei elogi) e le "figlie degli uomini" (Vedi Genesi 6:1-8), o giganti che abitavano la terra di Canaan (Numeri 13:33). Un termine simile ma con un suono diverso viene utilizzato nel Libro di Ezechiele 32:27 e si riferisce ai guerrieri filistei morti.

Per le sue caratteristiche peculiari, Cahuachi è stato definito un sito cerimoniale da W. Duncan Strong nel 1957, la sua funzione era non solo religiosa e rituale, ma anche direzionale e amministrativa. Da questo centro, tra il 350 a.C. e il 600 d.C., s'irradiò la Cultura Nazca di cui si conoscono le belle ceramiche e i grandi geoglifi tracciati sul suolo ghiaioso della Pampa San José.

La città fu fondata prima della nascita della civiltà Nazca, durante il IV secolo a.C., e declinò attorno al 300 d.C., dopo l'invasione degli Huari.

La popolazione residente permanente era poca, perché Cahuachi fungeva principalmente da centro cerimoniale, per eventi che forse comprendevano le linee di Nazca e la duna gigante di sabbia (Cerro Blanco).

A sostegno della teoria riguardo alla funzione come luogo di peregrinaggio vi sono indizi archeologici. Oltre al centro cerimoniale era presente anche una necropoli.

Il peggior problema riguardante il sito è rappresentato dal saccheggio. Molti dei siti funerari attorno a Cahuachi erano sconosciuti fino a poco tempo fa, e quindi rappresentano un boccone appetitoso. Le sue costruzioni erano di adobe a forma conica e raggiungevano i ventiquattro km², diventando una delle zone urbane più grandi del mondo andino e la più importante della civiltà Nazca (400 a.C. – 400 d.C.) I resti mostrano che i tetti, le porte e le finestre erano sostenuti con legno di guarango e che i telai dei tetti erano fatti con canne interlacciate e legate con corde di pelo di lama e cotone.

Fino ad ora sono stati scoperti trentaquattro costruzioni all'interno della muraglia tra le quali sono degne di nota:

La Grande Piramide: ha 100 metri di lato e ventotto di altezza ed è costituita da sette livelli a scaloni; era il centro del culto cerimoniale.

Il Tempio Scalonato: si è scoperto un muro di 5 metri di altezza e venticinque di lunghezza, con iscrizioni e fregi.

Monticelli: quaranta monticelli con costruzioni di adobe.

Nella necropoli sono state aperte varie tombe dal contenuto intatto. Nel 2008 N. Masini, E. Rizzo, R. Lasaponara e G. Orefici del Consiglio Nazionale delle Ricerche italiano, hanno scoperto la piramide analizzando immagini del satellite Quickbird, utilizzandolo per "penetrare" il suolo nei dintorni di Cahuachi.

I ricercatori hanno investigato un'area di prova lungo il Rio Grande di Nazca, collezionando una serie d'immagini infrarosse e multi-spettro ad alta risoluzione. Hanno poi ottimizzato i dati e con uno speciale algoritmo hanno ricavato una dettagliata visualizzazione di una piramide di oltre 9000 m^2 di area.

Capitolo 5

Lo "Starchild" rinvenuto intorno al 1930, da una ragazzina di circa 13-15 anni, in Messico. E' possibile che gli alieni abbiano accelerato il processo evolutivo della nostra specie?

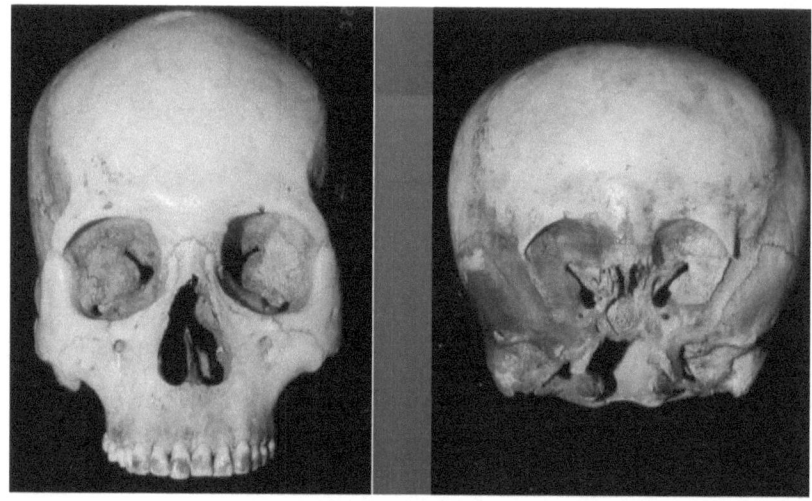

Figura 18

Lo "Starchild" rinvenuto nel 1930 in Messico messo a confronto con un teschio umano.

Nel febbraio dell'anno 1999 i coniugi Ray e Melanie Young di El Pazo (Texas, U.S.A.) affidarono allo scienziato e scrittore L. Pye[26] un teschio da loro posseduto dalla curiosa conformazione, affinché questi ricercasse, e infine determinasse, quale fosse stata la causa dell'insolita

---

26 Lloyd Pye è nato a Houma, Louisiana, il 7 settembre 1946. E' un ricercatore, autore e conferenziere, conosciuto per il suo modo di parlare piacevole e divertente "Southernisms". Le sue aree tematiche comprendono la teoria dell'intervento , Ominoidei (Bigfoot, Yeti, ecc), origini umane, e lo Starchild Skull. Gestisce un sito internet raggiungibile al seguente url http://www.lloydpye.com/index.htm.

forma e le proprietà del tessuto osseo di quel cranio che, ben presto, sarebbe stato battezzato come"Starchild".

Lloyd Pye, ravvisando una somiglianza tra la forma del cranio dello "Starchild" e quella attribuita agli alieni Grigi, sostiene che "Starchild" fosse un ibrido umano-alieno. Pye e chi segue la sua tesi rammentano che l'esame del DNA mitocondriale del 2003 non è riuscita a estrarre il dna nucleare e che quindi, a loro dire, questo invaliderebbe il test eseguito nel 1999. Tale affermazione manca però di fondamento: ovviamente il fatto che tale esame non comunica informazioni sulla paternità non significa che la paternità umana sia esclusa, fatto anzi palese poiché l'esame del DNA del 1999 ha individuato entrambi i cromosomi umani X e Y.

Nel 2011 alcuni tabloid riportarono la notizia secondo la quale alcuni non meglio identificati genetisti avrebbero rivelato che il DNA materno dello Starchild presenterebbe maggiori differenze rispetto al DNA umano rispetto a quanto possa avvenire normalmente e che da ciò si dedurrebbe che lo Starchild avrebbe origine aliena. Tale notizia riportata dai media non trova riscontro in ambito scientifico. Secondo Pye, il teschio sarebbe stato rinvenuto intorno al 1930 da una ragazzina di circa 13-15 anni in Messico, nel tunnel di una miniera a circa 160 km a sud-ovest da Chihuahua.

Il teschio sarebbe stato sepolto di fianco a un normale scheletro umano coricato sulla schiena, supino, probabilmente appartenuto a una donna amerinda morta approssimativamente all'età di 20-30 anni.

Il teschio è stato sottoposto alla datazione con il carbonio-14 (grazie al quale si è stabilita la sua età di 900 anni), analisi a raggi X, al microscopio atomico e TAC.

L'analisi ha confermato che il teschio è composto d'idrossiapatite di calcio, cioè il materiale del quale è composto il normale osso umano.

In base alle analisi effettuate sulla mascella destra superiore, pare che il cranio fosse appartenuto a un bambino di età compresa tra i quattro e i cinque anni; tuttavia il volume cerebrale ammonta a 1600 cm^3, in altre parole a 200 cm^3 in più rispetto alla media di un cervello umano adulto e 400 cm^3 in più di un adulto con un cranio della stessa grandezza.

Il teschio presenta diverse evidenti anomalie:

- l'area parietale sporge da entrambi i lati delle orbite senza alcuna traccia di tempie normali;

- le cavità oculari sono troppo poco profonde rispetto alla norma;

- le orbite sono ovali e completamente cave;

- i canali del nervo ottico sono deviati in basso e in dentro il modo da rendere molto inverosimile la mobilità del normale bulbo oculare;

- l'attaccatura del collo è in posizione anomala;

- i seni paranasali frontali sono assenti e la superficie è regolare dalle arcate sopraccigliari fino all'inizio del setto nasale.

Tali caratteristiche indicano che il bambino era affetto da deformazioni congenite del cranio.

Secondo Steven Novella, il bambino soffriva d'idrocefalo non curato. Adelina Chow, avvalendosi del parere di medici specializzati, ha concluso che "Starchild" "soffriva di vari difetti umani congeniti" che avevano causato una pronunciata brachicefalia e un'anomalia della sutura frontale.

Sul cranio è stata eseguita un'analisi del DNA al BOLD di Vancouver nel 1999. Tal esame ha mostrato la presenza di cromosomi X e Y, confermando quindi che "Starchild" era un bambino di sesso maschile.

Un successivo esame del DNA mitocondriale eseguito nel 2003 ai laboratori della Trace Genetics ha indicato che il cranio di "Starchild" e quello trovato insieme con esso appartenevano a diversi aplogruppi amerindi e quindi la donna il cui cranio era vicino a quello di "Starchild" non poteva esserne la madre.

Capitolo 6

Charles Fort e gli oggetti anacronistici cosiddetti OOPArt. La presunta validità scientifica degli OOPArt. Casi celebri di OOPArt.

Un resoconto dettagliato di moltissimi avvistamenti UFO nell'antichità fu pubblicato nel 1900 da Charles Fort[27] negli USA.

Fort documentò numerosi rapporti di oggetti anacronistici (oggi chiamati anche OOPArt, o reperti "fuori dal tempo"), reperti archeologici o paleontologici di difficile collocazione storica che l'ambiente accademico tende a far rientrare all'interno delle teorie accettate, relegando le altre interpretazioni nella categoria della pseudoscienza.

Molti di questi fenomeni sono ormai, nell'insieme, convenientemente citati come fenomeni forteani, mentre altri hanno sviluppato la propria scuola di pensiero, per esempio gli UFO nell'ufologia, o rapporti non confermati di animali classificati nella Criptozoologia[28].

---

27 Charles Hoy Fort (Albany, 6 agosto 1874 – New York, 3 maggio 1932) è stato uno scrittore e ricercatore statunitense del paranormale. Fort è conosciuto per i suoi libri, la cui caratteristica principale è una sorta di stile sarcastico e beffardo, con un forte senso dell'humour, con il quale descriveva eventi strani ed inesplicabili tratti di solito da riviste scientifiche e quotidiani dell'epoca. I suoi libri hanno successo e sono costantemente in ristampa. L'aggettivo fortiano (fortean) è di solito utilizzato per descrivere diversi fenomeni anomali.

28 La cripto zoologia è una disciplina, considerata pseudoscientifica, che si occupa dello studio di specie animali, dette criptidi, di cui si ipotizza l'esistenza solo attraverso prove circostanziali; oppure di specie che sono estinte, ma di cui ci siano stati alcuni supposti avvistamenti. Fondata e teorizzata dallo zoologo Bernard Heuvelmans, nelle sue intenzioni avrebbe dovuto essere una branca della zoologia tradizionale,

Per tutta la vita Fort raccolse decine di migliaia di annotazioni: si dice che ne abbia compilate almeno 40.000, ma probabilmente sono molte di più. Queste erano addirittura raccolte su scatole da scarpe.

Vi sono anche annotazioni prese su piccoli quadratini di carta, scritti con una stenografia inventata dallo stesso Fort.

Alcune di queste annotazioni sopravvivono oggi in una collezione dell'Università della Pennsylvania.

Frequentemente depresso e scoraggiato, Fort distruggeva i suoi lavori, ma era sempre in grado di riprendersi. Alcune note vennero gradualmente pubblicate dalla Fortean Society fino alla sua dissoluzione.

Grazie alle sue ricerche Fort scrisse sette libri, di cui solo quattro sopravvivono: "*Il libro dei dannati*" (1919), "*Nuove terre*" (1923), "*Lo!*" (1931) e "*Talenti selvaggi*" (1932); uno dei libri fu scritto tra Nuove Terre e Lo! ma fu abbandonato e assorbito in quest'ultimo. Secondo le interpretazioni di alcuni sostenitori degli OOPArt alcuni di questi oggetti metterebbero in crisi le teorie scientifiche e le conoscenze storiche consolidate. Tuttavia solo in rari casi tali affermazioni hanno avuto il sostegno della scienza, ad esempio gli oggetti possono venire in seguito spiegati come appartenenti effettivamente all'epoca in cui sono stati fabbricati, senza che alcuna conoscenza dei fatti storici possa essere messa in discussione.

---

ma la comunità scientifica non la riconosce come tale poiché spesso basa la sua evidenza su aneddoti, allontanandosi significativamente dalle metodologie adottate negli studi zoologici.

Così è accaduto per la cosiddetta macchina (o meccanismo) di Anticitera[29], ritrovata prima di Pasqua del 1900 in un relitto presente sui fondali di Anticitera, una piccola isola a sud della Grecia, a oggi custodito presso il Museo archeologico nazionale di Atene, definibile come un ricercato calcolatore astronomico, generalmente considerato dai media e dall'opinione pubblica un oggetto tecnologicamente troppo avanzato per appartenere all'età ellenistica, ma che in realtà è perfettamente compatibile con le conoscenze tecniche e astronomiche degli antichi greci post alessandrini, pur rimanendo un reperto unico per complessità e manifattura.

Così può anche capitare che gli oggetti, dopo un'analisi iniziale fallace, siano sottoposti a studi scientifici e ne è riscontrata la loro appartenenza a epoche più recenti o a situazioni spiegabili: questo quindi li colloca fuori dall'ambito degli OOPArt, o li fa riconoscere come oggetti di moderna falsificazione (come il Martello di London), falsificazioni riscontrabili peraltro anche per reperti convenzionali. Non sono rari i casi in cui l'oggetto, dopo la pubblicazione iniziale, scompare o è reso inaccessibile per le necessarie verifiche scientifiche, mantenendo quindi la fama di oggetto misterioso, ma senza possibilità di risolvere il "mistero".

Altre volte invece gli OOPArt sono identificati con un oggetto del tutto normale.

---

29 Vedi pag. 236 del libro dal titolo "L'estinzione dei tecnosauri: storie di tecnologie che non ce l'hanno fatta", di Nicola Nosengo, edito da Sironi Editore, Seconda Edizione, luglio 2008, ISBN 978-88-518-0103-8.

Ad esempio, all'interno del Geode di Coso è stato ritrovato un oggetto metallico, in seguito riconosciuto da tecnici esperti come una candela di un motore a scoppio degli anni Venti.

OOPArt ancora da verificare.

Fra gli altri OOPArt ancora da studiare e verificare vi è:

- il mortaio con pestello rinvenuto nella Table Mountain (California, nella contea di Tuolumne, in uno strato di roccia risalente al Terziario e datato tra i 33 i 55 milioni di anni). Su tale oggetto, tuttavia, non ci sono segni di lavorazione umana ed è quindi plausibile che si tratti di semplici pietre elaborate dalla natura e che accostate tra loro fanno pensare a un mortaio con relativo pestello.

E ancora:

- gli oggetti microscopici rinvenuti presso le rive del fiume Narada in Russia sulla catena degli Urali, costituiti, stando alle descrizioni, da elementi che si avvolgono a spirale, alcuni della grandezza di pochi millimetri, in rame, tungsteno e molibdeno, interpretati come antichi esempi di nanotecnologia.

  Tale interpretazione è stata messa in dubbio: come spesso accade per questi "oggetti impossibili, ", è difficile dare una ricostruzione pacifica per la mancanza d'informazioni dettagliate e attendibili. Nel caso di questi presunti oggetti microscopici non si riesce, ad esempio, a sapere, dove si trovino ora gli oggetti in questione.

Figura 19

Un bassorilievo raffigurante una "lampada" di Dendera.

Fra gli "oggetti fuori dal tempo" sin qui esaminati, vi sono anche i tubi di Baigong in Cina. Essi sono dei tubi metallici rinvenuti in una grotta nella provincia di Qinghai, e nelle vicinanze, interpretati variamente come manufatti artificiali, antiche condutture, o come formazioni naturali. Altri studi sono oggi impediti dal fatto che le autorità cinesi usano il sito come attrazione turistica.

Altro OOPArt di una certa valenza è la cosiddetta "protesi metallica", in ferro puro, lunga 23 cm, presente nella gamba della mummia del sacerdote Usermontu risalente alla XXVI dinastia egizia (656 a.C. 525 a.C.). Si ritiene che la "protesi" sia stata messa nella fase di mummificazione del corpo in vista della resurrezione, si tratta, quindi, di una riparazione postuma.

In un giornale del 1891 è riportata la notizia del ritrovamento di una catena d'oro a Morrisonville, nell'Illinois, rinvenuta, stando al racconto, in un pezzo di carbone e sempre secondo l'articolo, risalente a 300 milioni di anni fa, ritrovata da parte della moglie del direttore del giornale, S.W. Culp.

Come per altri OOPArt non si ha notizia della reale esistenza del monile e del suo possessore.

Figura 20

La tazza di ferro di Wilburton rinvenuta nel 1912 in una miniera di Wilburton, nell'Oklahoma, da parte di Frank J.Kenwood in un blocco di carbone.

Fra gli altri OOPArt da esaminare e verificare vi è anche "la tazza di ferro di Wilburton" rinvenuta nel 1912 in una miniera di Wilburton, nell'Oklahoma, da parte di Frank J.Kenwood in un blocco di carbone.

La classificazione come OOPArt si basa su racconti aneddotici e l'oggetto sin dagli anni '60 è stato usato come strumento di propaganda creazionista senza tuttavia che via sia alcuna prova circa la reale antichità.

Il Dipartimento geologico dell'Oklahoma dichiarò che il carbone era antico di 312 milioni di anni. Ecco cosa emerge dalla dichiarazione giurata di Frank J. Kennar, del 27 Novembre del 1948:

«*Mentre stavo lavorando nel Municipal Electric Plant in Thomas, Okla in 1912, fu scoperto un pezzo di solido carbone che era troppo grande per l'uso. Lo ruppi con un martello da fabbro.*

Questa ciotola di ferro (foto 1) cadde dal centro, lasciando il calco, o la matrice della stessa nel pezzo di carbone. Jim Stull (un dipendente della compagnia) era presente alla rottura del pezzo di carbone e vide la ciotola uscire da esso. Rintracciai l'origine del carbone e trovai che esso veniva dalle Wilburton Oklahoma Mines.»

Figura 21

La "Fuente Magna", cioè un vaso ritrovato in Bolivia nel 1950 con presunte incisioni a caratteri cuneiformi di presunta origine sumerica.

Fra gli OOPArt più famosi al mondo vi è la "Fuente Magna[30]", cioè un vaso ritrovato in Bolivia nel 1950 con presunte incisioni a caratteri cuneiformi di presunta origine sumerica.

---

30 La Fuente Magna è un antichissimo vaso scoperto in Bolivia, ricco di incisioni misteriose, spesso citato come la Stele di Rosetta del Sudamerica, è uno degli OOPArt più famosi.

Il primo a rimettere dopo secoli le mani sopra la "Fuente Magna" fu un semplice ignorante contadino boliviano, che la ritrovò per puro caso all'interno delle proprietà della Hacienda Chua, la fattoria dove lavorava a pochi chilometri dal lago Titicaca.

Il suo datore di lavoro, il capo della famiglia Manjón proprietaria dell'hacienda, non sapeva proprio che farsene di quello strano largo vaso tutto crepe e incisioni, ma decise di contattare un suo vecchio amico archeologo per avere un parere a riguardo. Fu così che Max Portugal Zamora giunse alla fattoria dell'amico Manjón, lontana quasi un centinaio di chilometri da La Paz.

L'uomo rimase affascinato dall'oggetto, così simile ai tanti recipienti per uso cerimoniale che aveva esaminato e catalogato in carriera eppure così diverso.

C'era qualcosa in tutte quelle incisioni, decorazioni e bassorilievi che lo ricoprivano sia all'interno sia all'esterno sia a suo parere meritavano grande attenzione e di essere studiato. Zamora portò il vaso nel museo di La Paz e lo restaurò, spendendo poi numerose, lunghe e inconcludenti ore nel tentativo di tradurre le parole incise nella sua parte interna. Sconfortato, si diede infine per vinto e smise di provare.

Il Vaso Fuente, come anche sarà chiamato in futuro, finì così banalmente con l'essere conservato insieme a tanti altri oggetti in uno dei magazzini del museo: lì rimase per decenni, completamente dimenticato. Circa 35 anni dopo riemerse dalle polveri di quel magazzino per diventare in breve tempo uno degli OOPArt più studiati e fonte di teorie alternative sulla storia del Sud America.

Una serie di domande si fece largo nella mente di chi si occupò di questo compito: ma da dove viene questo vaso così ricco d'incisioni e decorazioni interne ed esterne? Qual è la sua storia?

Freddy Arce e Bernardo Biadosche ricercarono informazioni sull'oggetto arrivando a investigare fin nei territori a nord del lago Titicaca, a Chua.

Del ritrovamento del manufatto avvenuto quarant'anni prima, non se ne ricordava quasi nessuno, tranne un vecchio ormai centenario che non solo lo riconobbe da una foto, ma spiegò ai due ricercatori che "ai suoi tempi" attorno al villaggio di oggetti simili ne erano stati trovati parecchi. Tutti erano stati poi utilizzati per le funzioni più disparate (anche come mangiatoie per i maiali) per poi sparire nel nulla nel corso dei decenni fino a essere del tutto dimenticati.

La vite di Treasure City, si dice scoperta nel 1869 negli USA a Treasure City (un paese di cercatori d'oro oramai abbandonato nello stato del Nevada) è uno di quei ritrovamenti classificati come OOPArt, ovvero "manufatti trovati fuori posto", dai sostenitori dell'archeologia misteriosa. In uno strato di roccia sarebbe stata trovata l'impronta apparente di una vite di 5,08 cm di lunghezza. La vite che si presuppone fosse stata di materiale ferroso si è ormai completamente perduta, ma impressa nella roccia vi si è trovata la forma fotografata dell'oggetto. Come per altri OOPArt non si hanno notizia della reale esistenza della roccia e del suo possessore.

OOPArt sottoposti ad esami scientifici approfonditi.

Figura 22

La cosiddetta "batteria di Baghdad", datata tra il 250 a.C. e il 250 d.C.

Particolare rilevanza fra gli OOPArt, rinvenuti ed esaminati, assume la cosiddetta "batteria di Baghdad[31]", datata tra il 250 a.C. e il 250 d. C. Il manufatto, scoperto nel 1936 nei pressi del villaggio di Khujut Rabu, presso Bagdad, è considerata essere una cella galvanica per placcare in oro oggetti di argento, ma molto probabilmente era un contenitore per rotoli sacri di papiro. Il vaso di Dorchester[32], Massachusetts (USA), datato a 320 milioni di anni fa, in realtà non ha nulla di antico e plausibilmente si trattò di uno scherzo ad opera degli operai del cantiere, dove è stato rinvenuto.

---

31 Vedasi anche la pagina web:

- http://www.luigigarlaschelli.it/Altrepubblicazioni/baghdad.htm.

32 Vedasi anche la pagina web:

- http://www.misteromania.it/ooparts/classici1.htm.

Le pietre di Ica, Perù, raffiguranti scene risalenti a sessantacinque milioni di anni fa. Sono state ritrovate circa 15.000 pietre e molte di esse si sono rivelate essere un falso.[33]

Il Teschio dello Zambia[34], o "Teschio di Broken Hill", un cranio umano che si dice risalente a 150-300.000 anni fa (le prime datazioni lo ponevano a 38.000 o a 70.000 anni) che presenta sulla tempia sinistra un foro perfetto, privo di linee radiali, come quello lasciato da una ferita d'arma da fuoco.

Il foro può essere spiegato più prosaicamente come una ferita dovuta al canino di un grosso predatore, o a una foratura artificiale del cranio, pratica rituale usata per scacciare gli spiriti maligni.

---

33 Per saperne di più, vedasi "Enigmi, misteri e leggende di ogni tempo" di Stefano Mayorca, edito da Giunti Editore S.p.A., 2010, ISBN 9788841240083.

34 Vedi anche:

- http://www.latelanera.com/misteriefolclore/misteriefolclore.asp?id =127.

Oggetti scambiati per OOPArt oppure falsificati.

All'interno del geode di Coso[35], inizialmente datato come antico di 500.000 anni, è stato trovato un oggetto

---

[35] Il geode di Coso è una roccia argillosa, scambiata per un geode, scoperta il 13 febbraio 1961 nei pressi del lago Owens, Olancha. California da tre cercatori di pietre rare: Wallace Lane, Virginia Maxey e Mike Mikesell. Secondo i sostenitori del creazionismo, si tratta di un oggetto "fuori del suo tempo" (OOPArt), che dimostrerebbe la tesi della "giovane età" della Terra. Oggi l'oggetto è andato perso, dopo essere rimasto per anni nella casa di Wallace Lane, uno degli scopritori, senza poter essere sottoposto ad ulteriori analisi. La Lane tentò di vendere l'oggetto per 25.000 dollari, una cifra considerevole, ma senza trovare acquirenti. Mikesell tentando di tagliare la pietra si accorse che conteneva un oggetto di ceramica e metallo. Sullo strato esterno, oltre a frammenti di pietra e conchiglie, venne trovato anche un chiodo e una rondella. Virginia Maxey, una degli scopritori, affermò che un geologo di sua conoscenza aveva datato la pietra in 500.000 anni, senza però dare modo di verificare la notizia o l'identità di questo esperto. Tuttavia, la stessa Maxey dichiarò che probabilmente si sarebbe trattato di un oggetto vecchio di pochi decenni, incrostato in uno strato di fango cotto dal sole. L'oggetto venne esaminato dal divulgatore creazionista Ron Calais, l'unico ad aver avuto il permesso di fotografare l'oggetto e di farne una scansione a raggi X. Quando divulgò il materiale realizzato, la stampa cominciò a ricamare la notizia: una particolare attenzione venne prestata dalla stampa creazionista, che vedeva nello strano oggetto una possibile prova per la loro teoria secondo cui la terra è vecchia solo di poche migliaia di anni, essendo stata creata con i metodi descritti nella Bibbia. La datazione di 500.000 anni venne ripresa anche da Rene Noorbergen, autore creazionista specializzato in libri su fenomeni da lui ritenuti bizzarri, noto per aver cercato per anni l'Arca di Noè sulla base di una testimonianza di un anziano armeno che ha dichiarato di averla vista in gioventù. Noorbergen affermò che quell'oggetto era indubbiamente precedente al Diluvio Universale. Dopo la divulgazione del fatto, anche la Maxey cambiò la sua versione, affermando che "potrebbe essere uno strumento antico come Mu e Atlantide. Forse un mezzo di comunicazione o un ricercatore direzionale o qualche strumento fatto per utilizzare principi energetici a noi sconosciuti."

metallico. Nonostante il nome, non si tratta di un vero geode ma di un grumo di creta in cui si è trovato anche un pezzo di chiodo. La presenza dell'oggetto è stata strumentalizzata da gruppi creazionisti americani (come "Creation Outreach" e "Institute for Creation Research"), che hanno aggiunto ai pochi dati divulgati dagli scopritori numerose informazioni fasulle, aumentando il mistero intorno all'oggetto. Nel 1999 l'oggetto è stato identificato in base alle prove portate da un gruppo di collezionisti: è senz'ombra di dubbio una candela per autocarro di marca Champion, di uso comune negli anni Venti.

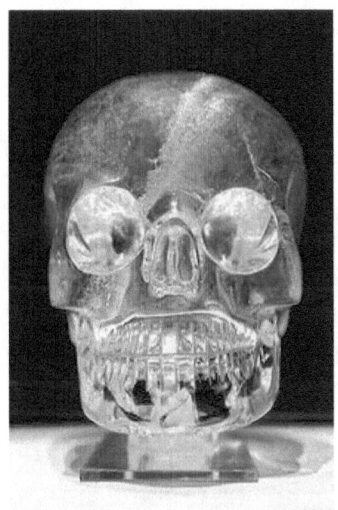

Figura 23

Il teschio al quarzo, scoperto nel 1927 da F.A. Mitchell-Hedges sulla cima di un tempio in rovina nell'antica civiltà Maya, era fatto di un singolo blocco di quarzo alto 12 cm, lungo 17 e largo dodici.

Il teschio al quarzo, scoperto nel 1927 da F.A. Mitchell-Hedges sulla cima di un tempio in rovina nell'antica civiltà Maya, era fatto di un singolo blocco di quarzo alto 12 cm, lungo diciassette e largo dodici.

Le sue proporzioni corrispondono a quelle di un piccolo cranio umano, dai dettagli perfetti. Molte anomalie vennero riscontrate durante gli studi effettuati nel 1970. Non furono usati strumenti di metallo per modellare il quarzo che era stato trattato senza badare assolutamente all'asse naturale del cristallo, situazione impensabile nella moderna arte della lavorazione del quarzo.

Secondo gli studiosi gli fu dato un primo abbozzo di forma usando probabilmente il diamante. La fase di lucidatura e forma finale dovrebbe essere stata condotta con sabbia di cristalli di silicio e acqua. Se questo fosse vero, avrebbe richiesto 300 anni di lavoro continuo per ottenere tale risultato.

A oggi, dopo essere andati sulla Luna e aver scalato montagne, sarebbe impossibile riprodurre un simile oggetto.

Le sfere metalliche di Klerksdorp, Sudafrica, che alcuni pensano essere opera dell'uomo. I geologi concordano sul fatto che tali sfere non sono dei manufatti, ma sono il risultato di processi naturali.

Il Martello di London, Texas (USA), secondo certuni creazionisti è databile a circa 115 milioni di anni fa, come le rocce della zona in cui è stato rinvenuto. Nel mese di giugno del 1936 un escursionista di nome Max Hahn e sua moglie stavano facendo una gita lungo il Red Creck vicino London.

I due raccolsero vari reperti mineralogici tra cui un nodulo di arenaria. Fra il 1946-47, George, il figlio dei due coniugi, ruppe il nodulo e vi trovò all'interno un martello di ferro con una porzione di manico di legno.

I creazionisti s'interessarono al ritrovamento e ancora oggi lo citano spesso a sostegno delle loro teorie antievoluzionistiche.

Uno dei principali promotori del reperto fu il creazionista Carl Baug che, nel 1983, ne divenne proprietario. Si tratta di un falso. Non sono presenti gli aloni di diffusione delle particelle metalliche che avrebbero dovuto prodursi nella roccia in milioni di anni, né si è verificata la pietrificazione del manico di legno del martello.

Inoltre, poiché si tratta di una roccia metamorfica, sottoposta a enormi pressioni e temperature, sia il manico sia la testa del martello dovrebbero essere fortemente deformati.

Il presunto dito umano fossile[36], risalente al Cretaceo, ed esposto al Creation evidence Museum, nel Texas. Esso fu trovato da un proprietario terriero durante i lavori per la costruzione di una strada di ghiaia estratta dalla formazione calcarea del Walnut cretaceus Formation del Commanche Peak.

Il reperto è di dubbia origine anche per gruppi creazionisti ed è ritenuto, secondo le opinioni, un carapace fossile o semplicemente una pietra con una forma interessante.

Il Papiro Tulli, sembrerebbe essere un falso documento egizio che descrive l'avvistamento di alcuni UFO. Nel 1934 i fratelli Tulli rinvennero in un negozio di un antiquario, in Egitto, un papiro egizio che narrava di strani avvistamenti di oggetti misteriosi comparsi nel cielo durante il regno del faraone Thutmosis III.

---

36 Vedi anche la pagina web http://www.acam.it/ditofossile.htm .

Il papiro, che i due non riuscirono ad acquistare ma solo a tradurre, presentava delle cancellature, in punti nevralgici del testo, che sembravano volute, quasi a voler evitare che l'episodio fosse comprensibile.

Il Manoscritto Voynich, un presunto erbario magico medievale scritto in lingua misteriosa, oggi è identificato come un falso rinascimentale.

La cosiddetta mappa del Creatore (nota anche come pietra di Daška), ritrovata nella Baškiria, Russia. Erroneamente datata ad almeno venti milioni di anni fa e raffigurante il territorio di 120 milioni di anni fa.

In un'intervista rilasciata alla trasmissione Stargate - Linea di confine, Čuvyrov, autore della scoperta, aveva affermato che la mappa rappresenta enormi canalizzazioni di cui si è cominciata a ricercare l'esistenza attraverso opportune prospezioni geologiche. Successive indagini hanno mostrato l'assoluta inconsistenza di tali ipotesi.

Le *statuette di Acambaro*, cittadina nei pressi di Guanajuato nel Nuovo Messico, furono scoperte nel 1945 e raffigurerebbero dei dinosauri tra cui un brontosauro, un anchilosauro e un iguanodonte e datate da analisi scientifiche a circa 2.500 anni fa.

Sono considerate dagli antievoluzionisti una prova della contemporanea esistenza di esseri umani e dinosauri, mentre gli archeologi le considerano bufale.

I *dischi di Bayan Kara Ula* (in campo internazionale noti come dischi dei Dropa), che si affermano ritrovati presso la località di Nimu, nella regione cinese del Sichuan, dischi di pietra bucati al centro e interpretati come manufatti extraterrestri.

In realtà furono inventati da David Gamon (che usò lo pseudonimo di David Agamon) come parte di un più ampio falso contenuto nel proprio libro del 1978 intitolato *"Sungods in Exile"*.

Oggetti pienamente spiegati come appartenenti al loro tempo.

Figura 24

La macchina di Antikythera, un meccanismo per il calcolo astronomico recuperato in un relitto al largo della Grecia, naufragato probabilmente nel 65 d.C., si ritiene sia risalente al I secolo d.C. .

La macchina di Antikythera, un meccanismo per il calcolo astronomico recuperato in un relitto al largo della Grecia, naufragato probabilmente nel 65 d.C., si ritiene sia risalente al I secolo d.C. .

Tale stupefacente artefatto antico di cui ci sia rimasta testimonianza era una sorta di calendario perpetuo, che consentiva di calcolare le fasi della luna, passate o future. Non sappiamo come e da chi fosse usato. Forse faceva parte di un monumento, ed era attivata da un meccanismo automatico simile a quello dell'orologio ad acqua. O forse si trovava nelle scuole e negli studi degli astronomi, che la usavano giorno dopo giorno, attivandola con una manovella, per calcolare il movimento degli astri.

Questo confermerebbe che l'antica Grecia aveva una conoscenza tecnologica maggiore di quanto finora creduto, ma non in contrasto con le conoscenze generali su tale civiltà (vedasi la Macchina di Erone[37]).

L'elicottero e il carro armato incisi su di un bassorilievo nel tempio di Abydos, rivelatisi un'immagine "creata" casualmente dalla sovrapposizione di due strati di simboli.(Figura 25)

Figura 25

L'elicottero e il carro armato incisi su di un bassorilievo nel tempio di Abydos, rivelatisi un'immagine "creata" casualmente dalla sovrapposizione di due strati di simboli.

---

37 La più famosa documentazione scritta rimastaci sulla tecnologia ellenistica è costituita dalle opere di Erone di Alessandria. Vedi anche pagina 156 del libro "La rivoluzione dimenticata: il pensiero scientifico greco e la scienza moderna.", di Lucio Russo, edito da Saggi Universale Economica Feltrinelli, novembre 1996, ISBN 88-07-81-644-X.

Il manufatto archeologico si trova a 450 km a Sud del Cairo all'interno del tempio di Seti I, nella sala ipostila più esterna. Si tratta di una serie di sculture che assomigliano molto a elicotteri e ad astronavi.

L'elicottero è particolarmente riconoscibile e questo ha portato gli studiosi del perché della sua esistenza. Forse gli antichi Egizi erano in grado di volare?

Gli egittologi hanno cercato di dare una spiegazione di tutto ciò: vecchi geroglifici intonacati per scolpircene dei nuovi, quando l'intonaco è crollato le immagini vecchie si sono fusi a quelle nuove.

E' solo una coincidenza, come sostengono i detrattori, o c'è qualcosa di più dietro questo sorprendente artefatto archeologico?

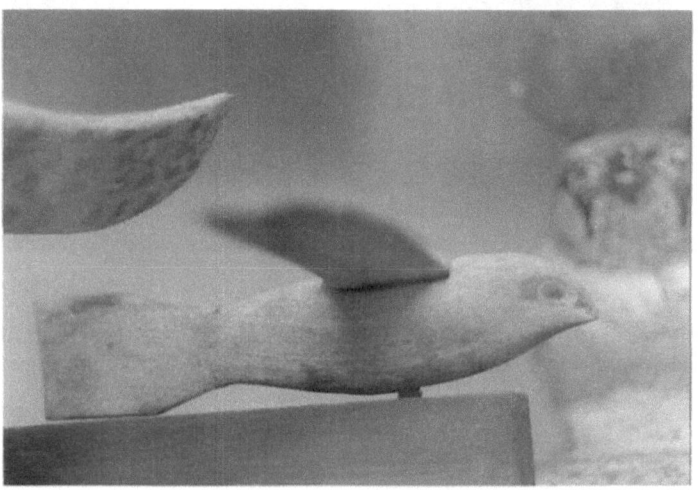

Figura 26

L'uccello di Saqqara è un artefatto a forma di uccello realizzato in legno di sicomoro, scoperto nel 1891 nello scavo della tomba di Pa-di-Imen, aSaqqara, in Egitto.

Che gli Egizi fossero in grado di volare, anticipando di quasi duemila anni i fratelli Wright, sembrerebbe essere una certezza se si considera anche il ritrovamento del cosiddetto "Aliante di Saqqara", conservato al Museo del Cairo, con il numero di catalogo 6347. Si tratta di un modellino di legno ritrovato nel 1898 nella tomba di Pa-di-Imen, a Saqqara, una delle più importanti necropoli egizie, a circa 30 km dal Cairo.

Il modellino è stato datato al 200 a.C. È costruito in legno di sicomoro, ha un'apertura alare di circa diciotto centimetri e pesa 39 grammi.

Per anni fu considerato la rappresentazione di un uccello, finché nel 1969 Khalil Messiha, professore di anatomia artistica all'Università di Helwan, una città egizia sulle rive del Nilo, lo sottopose a un nuovo esame che rivelò alcune caratteristiche che distinguono il reperto da altre sculture analoghe ritrovate in Egitto: in particolare, le ali del modellino sono dritte e la coda è rialzata rispetto al corpo centrale; inoltre, la coda stessa è verticale, una vera e propria rarità. È un oggetto molto leggero, presenta ali dritte, che sembrano disegnate aerodinamicamente. Ricostruzioni in scala reale hanno dimostrato che non sarebbe mai stato in grado di volare e nemmeno di planare. Si tratterebbe probabilmente di un giocattolo o di una decorazione riproducenti un uccello stilizzato, una figura classica dell'iconografia egizia.

Figura 27

Le cosiddette lampade di Dendera sono dei bassorilievi con geroglifici scoperti dall'archeologo francese Auguste Mariette (Boulogne-sur-Mer, 11 febbraio 1821 – Bulaq, 18 gennaio 1881) nel 1857 a circa 70 km da Tebe, nel tempio di Dendera, situato nell'omonima località dell'Egitto, sulla riva occidentale del Nilo. Sotto il tempio vennero rinvenute ampie cripte che, ripulite dalla sabbia, mostrarono stanze con pareti ricoperte da lastre di pietra scolpite. Le stanze apparterrebbero al primo nucleo del tempio, risalente al XV secolo a.C., mentre l'attuale costruzione che ad esse si è sovrapposta è di epoca tolemaica e romana. Le lastre scolpite si riferiscono a una decorazione della fase tolemaica. Negli Anni Settanta gran parte delle lastre vennero asportate per un furto e rimasero solo le pareti di una delle stanze. Qui si trovano raffigurati alcuni sacerdoti del tempio nell'atto di officiare riti intorno ad un oggetto, probabilmente un fiore di loto.

Le lampade di Dendera, oggetti oblunghi nascenti da un fiore di loto e contenenti un serpente, raffigurati in un bassorilievo di un tempio dedicato alla dea Hathor a Dendera. Gli egittologi unanimemente interpretano il disegno come parte della mitologia egizia legata al djed e al fiore di loto. I sostenitori della pseudo-archeologia invece vi vedono grandi lampade collegate con dei cavi a un generatore elettrico.

Capitolo 7

Rinvenuta in Perù una mummia dalla struttura scheletrica alquanto anomala. Si tratta forse di un ibrido uomo-alieno?

Figura 28

In Perù qualche mese fa, a seguito di alcuni scavi archeologici, è stata trovata una mummia il cui scheletro presenta una struttura ossea che ha dell'incredibile.

In Perù, qualche mese fa, a seguito di alcuni scavi archeologici, è stata rinvenuta una mummia il cui scheletro presenta una struttura ossea che ha dell'incredibile. L'antropologo Renato Riquelme, direttore del Museo privato «Ritos Andinos», che si trova nel distretto di Andahuaylillas, nelle vicinanze di Cuzco, che ha avuto modo di studiare le caratteristiche fisiche della mummia rinvenuta, ha riferito alla stampa locale che la mummia ha una lunghezza di cinquanta centimetri, presenta un cranio deforme e dalla forma triangolare, con grandi cavità oculari dalla forma a quanto insolita.

Sembrerebbe, pur tuttavia, non trattarsi della mummia di un bambino che aveva delle deformazioni genetiche; nella mandibola della mummia, infatti, sono ancora visibili dei denti (dei molari) da adulto. Inoltre, l'antropologo ha spiegato che presenta come delle alette, larghe due centimetri, nella parte bassa del mascellare superiore, una caratteristica mai trovata in alcuna etnia.

L'osservazione attenta delle caratteristiche fisiche della mummia rinvenuta ha portato gli appassionati del fenomeno U.F.O. e alieni a sostenere che potrebbe trattarsi di un'entità aliena (o di un ibrido uomo - alieno) vissuta sulla Terra miglia di anni fa. La mummia rinvenuta fu probabilmente una vittima sacrificale. Secondo Davila Riquelme, «medici russi e spagnoli l'hanno già analizzata descrivendola come la mummia di un extraterrestre e per questo hanno deciso di sottoporla ad altri studi». Avvistamenti di Ufo riportati in ogni angolo del globo. I più credono che questi incontri alieni siano un fenomeno moderno, ma, di fatto, sono riferiti da migliaia di anni. In sostanza ogni civiltà umana ha avuto contatti con esseri extraterrestri. In India, Israele, i Maya e gli Aztechi. Milioni di persone in tutto il mondo credono che in passato siamo stati visitati da esseri extraterrestri. Degli alieni antichi contribuirono a forgiare la nostra storia? Da dove venivano questi "visitatori"? Dove sono andati? Torneranno? Roswell, Nuovo Messico, Stati Uniti d'America: un tempo questa cittadina era famosa per la sua grande base aerea militare; ma nel 1947 le cose cambiano, quando un allevatore locale riferisce di uno schianto di una navicella aliena sulla sua proprietà. Diverse settimane dopo, l'esercito statunitense conferma con un comunicato stampa l'esistenza di un velivolo alieno.

Il giorno dopo, clamorosamente, l'esercito cambia versione e annuncia che quello ritrovato è un pallone meteorologico.

E' difficile spiegare, oggi, perché quest'Ufo crash è stato insabbiato. Secondo alcuni queste informazioni manderebbero in frantumi la nostra visione del mondo. Si suppone che si sia temuto, che il rivelare la veridicità dell'incidente avesse potuto mandare in frantumi i nostri miti cui teniamo di più, sull'origine della razza umana, sulla nostra storia, sulla nostra archeologia.

Oggi, stando ad alcuni sondaggi, più della metà della popolazione mondiale crede che gli alieni siano venuti qua in passato o che vangano qui ora. Ma cos'è che spinge così tante persone a credere? L'universo è grande, e ci sono cose che noi non comprendiamo e probabilmente c'è vita intelligente da qualche parte. La nostra galassia, la Via Lattea, racchiude più di cento miliardi di stelle. Nel nostro universo si ritiene che ci siano più di cento miliardi di galassie. Per tale motivo, se ogni stella fosse abbinata a un pianeta con vita intelligente, quante civiltà aliene ci sarebbero? Pensavamo che noi abitassimo al centro della nostra galassia, ma siamo due terzi verso l'esterno di una galassia a spirale. Più impariamo a conoscere l'universo che ci circonda e più ci sentiamo umili. Se l'uomo può navigare con successo nello spazio ed esplorare altri mondi, perché esseri da altre parti dell'universo non possono aver fatto lo stesso? Potrebbero essere venuti sulla terra centinaia o migliaia di anni fa?

Il ritorno di Kukulkàn. Considerazioni e conclusioni.

Figura 29

Quetzalcoatl, ovvero "serpente piumato" o "gemello prezioso" in lingua nahuatl, è il nome azteco del dio serpente piumato dell'antica Mesoamerica, fra le divinità più importanti per molte civiltà messicane e centro americane.

Il 20 maggio 2012 è stato il giorno in cui si sono allineati le Pleiadi, il Sole e la Terra. In quella data c'è stato anche una eclissi di Sole: l'eclissi ha avuto luogo anche sullo zenit della piramide di Chichén Itzá, eretta in onore di Kukulkàn, venerato dai Maya e del quale gli stessi ne attendevano il ritorno.

L'eclissi, l'allineamento astronomico, sono già stati profetizzati al genere umano il 9 agosto 2005, allorquando un bellissimo pittogramma, comparso a Wayland's Smithy, Ashbury – Wiltshire, ha fornito dettagliate informazioni in merito al giorno zero, identificabile con il 20 maggio 2012, e all'ultimo ciclo di Venere, in passaggio davanti al Sole per l'ultima volta durante la Quinta Era, nel giugno 2012.

Il 2 agosto del 2004, un altro glifo aveva mostrato il calendario maya del lungo computo, il Sole nel quale ci troviamo, e la ciclicità del tempo, con la sua dualità di vita e morte. Segnali forti e nello stesso tempo espressivi lanciati dagli antichi dèi all'Homo Sapiens per fargli ricordare le sue origini, origini che secondo antiche culture sono da ricercarsi proprio nella costellazione delle Pleiadi. Le Pleiadi (conosciute anche come le Sette sorelle, la Chioccetta o con la sigla M45 del catalogo di Charles Messier) sono un ammasso aperto visibile nella costellazione del Toro. Quest'ammasso, piuttosto vicino (440 anni luce), conta diverse stelle visibili a occhio nudo; anche se dagli ambienti cittadini solo cinque o sei delle stelle più brillanti sono visibili, da un luogo più buio se ne può contare fino a dodici. Tutte le sue parti sono circondate da leggere nebulose a riflessione, osservabili specialmente in fotografie a lunga esposizione prese con telescopi di dimensione ragguardevole. I membri visibili delle Pleiadi sono stelle blu o bianche, molto luminose; l'ammasso conta in realtà centinaia di altre stelle, la gran parte delle quali sono troppo deboli perché siano visibili a occhio nudo.

Le Pleiadi sono un ammasso giovane, con un'età stimata di circa 100 milioni di anni, e una vita prevista di soli altri 250 milioni di anni, a causa della sua bassa densità.

A causa della loro brillantezza e vicinanza fra loro, le stelle delle Pleiadi sono note dall'antichità: Omero le citava, come pure Tolomeo e altri autori dell'età classica. Da quando fu noto che le stelle erano corpi celesti simili al Sole, s'iniziò a ipotizzare che fossero in qualche modo legate fra loro; con lo studio del moto proprio degli astri e la determinazione delle distanze, fu chiaro che le Pleiadi fossero realmente legate gravitazionalmente tra loro e che avessero un'origine comune.

Molti anni fa i Maya, dalla civiltà cosmopolita che erano diventati, in seguito a sanguinose battaglie e repressioni, furono letteralmente estirpati dalla loro terra, e quelli che vi sopravvivono ancora oggi sono i pochi rappresentanti di un popolo evoluto. Gli stessi indigeni, secondo antiche leggende, rimasero sulla Terra, in attesa di una "resurrezione" che si sarebbe verificata al tramonto del quinto Sole, il 21 dicembre 2012.

In quel giorno, il loro Dio, Kukulkàn, si sarebbe manifestato nuovamente sulla Terra, introducendoci alla nuova era, la sesta, la cui data d'inizio è il sabato 22 dicembre 2012, in contemporanea di un cambiamento nelle coscienze collettive.

Kukulkàn, la divinità del serpente piumato, ha rivestito una certa importanza, sia nell'arte sia nella religione, in gran parte del territorio mesoamericano, per quasi 2.000 anni, dall'età pre-classica fino alla conquista spagnola.

Tra le civilizzazioni che praticavano il culto del serpente piumato, ricordiamo gli olmechi, i mixtechi, i toltechi, gli aztechi e i maya.

Il culto di Quetzalcoatl talvolta prevedeva sacrifici umani; secondo altre tradizioni, invece, Quetzalcoatl era considerato contrario ai sacrifici.

I sacerdoti e i re mesoamericani a volte prendevano il nome delle divinità che veneravano, perciò, Quetzalcoatl e Kukulcàn sono anche nomi di personaggi storici. Un famoso sovrano tolteco post-classico si chiamava Quetzalcoatl; lui e il Kukulcàn che invase lo Yucatan all'incirca nello stesso periodo potrebbe essere la stessa persona. Secondo alcune testimonianze anche i miztechi avrebbero avuto un sovrano chiamato con il nome del Serpente piumato. Nel X secolo un re associato al culto di Quetzalcoatl regnò sopra i toltechi: il suo nome era Topiltzin Ce Acatl Quetzalcoatl. Si disse di questo re che fosse il figlio del grande guerriero chichimeca Mixcoatl e della donna colhuacana di nome Chimalman, oppure un loro discendente. I toltechi avevano un sistema dualistico di culto.

L'opposto di Quetzalcoatl era Tezcatlipoca, che si presume lo avesse costretto all'esilio. Quetzalcoatl accettò e partì su un'imbarcazione fatta di serpenti, promettendo di ritornare. Quando gli aztechi adottarono la cultura dei toltechi, fecero di Tezcatlipoca e Quetzalcoatl due divinità gemelle, opposte e uguali. Quetzalcoatl veniva anche chiamato il bianco per distinguerlo e opporlo al nero Tezcatlipoca. Insieme, hanno creato il mondo e, durante la creazione, Tezcatlipoca perse un piede.

L'imperatore azteco Montezuma II credette all'inizio che lo sbarco di Hernán Cortés nel 1519 fosse il ritorno di Quetzalcoatl. Cortés giocò molto su questa convinzione, che gli rese più facile la conquista del Messico.

Il significato esatto delle caratteristiche di Quetzalcoatl varia secondo le civilizzazioni e del periodo storico. Quetzalcoatl è stato spesso considerato il dio della stella del mattino e suo fratello gemello Xolotl era la stella della sera (Venere).

Come stella del mattino era conosciuto con il titolo di Tlahuizcalpantecuhtli, che significa letteralmente "il signore della stella e dell'alba". Fu conosciuto come inventore dei libri e del calendario, chi donò il mais al genere umano e, a volte, è stato anche considerato il simbolo della morte e della resurrezione. Quetzalcoatl era anche il protettore dei sacerdoti e rivestiva il ruolo di sommo sacerdote azteco.

Nella maggior parte dei culti mesoamericani era contemplato il ciclo dei mondi. Di solito, la nostra epoca attuale era considerata il quinto mondo, mentre i quattro precedenti erano stati distrutti dal diluvio, dal fuoco e via dicendo.

Si racconta poi che Quetzalcoatl fosse andato a Mictlan, il mondo sotterraneo, e avesse creato il quinto mondo-genere umano dalle ossa delle razze che lo avevano preceduto (con l'aiuto di Cihuacoatl), usando il suo stesso sangue per infondere alle ossa nuova vita.

La sua nascita, e quella del gemello Xolotl, fu insolita. Furono partoriti da una vergine, la dea Coatlicue. Per altri, era il figlio di Xochiquetzal e Mixcoatl. Secondo un racconto azteco Quetzalcoatl fu sedotto dalla sorella gemella Tezcatlipoca mentre era ubriaco, ma poi si uccise dandosi fuoco per il rimorso. Il suo cuore divenne la stella del mattino (vedi Tlahuizcalpantecuhtli).

Il nostro Sole (il 21 dicembre 2012) secondo la civiltà Maya alla fine del lungo computo avrebbe "parlato", manifestando la sua massima potenza con un'attività talmente intensa da influenzare la civiltà umana e l'intero pianeta. Il calendario del popolo Maya era basato su tre diversi cicli. Il ciclo maggiore, o Lungo computo, dura esattamente 1872000 giorni (circa 5125 anni): il ciclo attuale termina il 20 dicembre 2012 e il 21 dicembre inizia il nuovo ciclo.

Tale ciclo, tra l'altro, scade allo scadere anche della prossima precessione, che per alcuni segna l'inizio della New Age, o età dell'Aquario. In realtà questa dovrebbe accadere intorno al 2140, ma considerando che le ere in quanto tali durano millenni, uno scarto di un secolo può considerarsi un'approssimazione accettabile. A causa di questo, sono state formulate molte teorie secondo le quali tale data corrisponderà alla fine del mondo, o meglio, una sua radicale trasformazione, ossia la fine del mondo per come lo si conosce oggi.

Secondo gli archeologi non esiste alcuna prova documentale che possa attestare che i Maya pensassero alla data del 21 dicembre 2012 come alla fine del mondo, sono anzi diverse le tavolette che riportano date anche molto successive al 2012, cosa che fa ritenere che essi non pensassero a questo giorno come all'ultimo. La fine di un ciclo del calendario era, infatti, vista dal popolo maya semplicemente come occasione di grandi celebrazioni per festeggiare l'ingresso nella nuova era, in questo caso il sesto ciclo.

Secondo alcuni teorici della Teoria della Cospirazione la cosiddetta "élite globale" che governerebbe il mondo ha l'intenzione di utilizzare velivoli contraffatti come UFO per inscenare un attacco alieno, così che la popolazione mondiale si unisca attorno ad una sorta di Grande Fratello e ad una giunta globale corporativo-militare. Questo in stretta relazione con la tensione e il timore di eventi catastrofici collegati alla fine del ciclo del Lungo Computo del Calendario Maya.

Nella puntata del 15 ottobre 2008 di Voyager, in onda su Rai due, la troupe di Voyager è tornata in Gran Bretagna per affrontare le ultime novità sui Cerchi nel Grano. Che cosa hanno in comune i Crop Circle e le profezie Maya? Forse un salto evolutivo, come quello profetizzato dal popolo precolombiano nel 2012, e oggi evidenziato dalla comparsa nei campi di grano di figure e simboli Maya. E' la fine di un'Era? Staremo a vedere. Un sensazionale video di quello che potrebbe accadere sulla terra nel Dicembre dell'anno 2012 è stato pubblicato sul portale Youtube.com l'anno scorso. In conformità a interpretazioni d'impronta prevalentemente new age, rigettate dagli archeologi e dai geomagnetologi, sono state formulate varie tesi e teorie sulla corrispondenza della data del 21 dicembre 2012 con eventi quali la fine del mondo o trasformazioni radicali dello stesso.

Il giorno di Sabato 22 dicembre 2012 corrisponderebbe con la fine della quarta era secondo il calendario Maya.

La civiltà Maya raggiunse traguardi scientifici notevoli. Per contare gli anni, utilizzavano stelle e pianeti: il "Grande Conto", basato sui movimenti del pianeta Venere. Essi divisero il tempo in una serie di cicli che cominciavano dalla nascita di Venere. Ogni ciclo durava un milione e 872.000 giorni.

Il ciclo che ora stiamo vivendo ha avuto inizio il 13 agosto dell'anno 3114 prima di Cristo e finirà il 22 dicembre 2012 dopo Cristo. I Maya erano del tutto sicuri dell'attuale ciclo ed erano altrettanto convinti che fosse l'ultimo.

Quando il mondo avrà completato questo ciclo, dicevano, finirà fra disastrose inondazioni, terremoti e incendi: uno scenario molto simile alle profezie del Nuovo Testamento. La fine di un ciclo del calendario era, infatti, vista dal popolo Maya semplicemente come occasione di grandi celebrazioni per festeggiare l'ingresso nella nuova era, in questo caso il sesto ciclo. Infatti, ogni fine ciclo segnava un periodo di grandi cambiamenti (data la lunghezza plurisecolare di ogni ciclo, era normale che vi fosse stata un'evoluzione tecnologica rispetto allo stesso periodo del precedente) cui avrebbe dovuto corrispondere un periodo di pace e serenità, e altre opinioni moderne su tale data interpretano essa non come una fine, ma come un nuovo periodo di pace dopo le guerre mondiali e locali dell'ultimo secolo. I Maya hanno scoperto che così come la Terra gira intorno al Sole, tutto il sistema solare nel quale anche la Terra si trova gira intorno alla galassia, fanno un giro e il calendario Maya duri 25.625 anni, non dura 365 giorni. E' come se fosse l'anno galattico e non l'anno terrestre!

Lo studio sul Sole che hanno fatto ha permesso loro di scoprire che il sistema solare intero si muove, che l'Universo ha dei cicli periodici di tempo che iniziano e che hanno un termine, come il giorno e la notte.

Essi scoprirono che il sistema solare percorre un'ellisse che ha come centro il centro della galassia. Questo vuol dire che il Sole e tutti i suoi pianeti si muovono in cicli, a proposito della luce centrale della galassia, che loro chiamavano Unabku, una cosa viva, intelligente, il Dio dell'Universo.

Essi hanno stabilito che questa ellisse, questo giro completo, che compie il sistema solare duri 25.625 anni, il ciclo di un anno galattico ma loro lo consideravano come un giorno galattico. Dicevano che alla metà di questo percorso, circa 12.800 anni, siamo più vicini al centro della galassia, come avviene per noi con le stagioni.

I Maya avevano scoperto che quando il sistema solare andava agli estremi della galassia era la notte, lontano dal Sole; quando si riavvicinava, era il giorno. Questo mezzo giro dura 12.800, quindi abbiamo 12.800 anni di giorno e 12.800 di notte, come sono le dodici ore di dì e dodici ore di notte, ci sono le dodici ore dell'alba e le dodici ore del tramonto. E per la notte è lo stesso, ci sono le dodici ore del vespro e le dodici ore che precedono l'alba. Quindi c'è un andirivieni di luci e di ombre, di notte e di sole, che determinano questo giorno galattico.

Così scopriamo che esiste un mattino galattico, è il momento in cui lasciamo l'oscurità della notte per entrare nella luce. Esiste il giorno pieno, dove il Sole centrale si fa sentire con maggiore intensità e calore ed è l'età di pieno sviluppo delle civiltà, in cui esprimono il meglio di se stesse. Quindi viene la sera, il momento d'incertezza, il momento di ansia, dove la luce comincia a mancare. Il quarto ciclo è il vespro dove si realizza una coscienza di tutti i fatti avvenuti, come quando la sera ci facciamo un esame di coscienza, il momento dei resoconti. Infine ci sarà la notte, la parte più lontana dalla luce, in cui comunque l'occhio rimane attento e vigile in attesa che spunti la nuova alba. Questo è il giorno galattico, questo è l'anno galattico.

Se abbiamo capito questa situazione, vi rendete conto che i Maya non facevano il calendario dall'esterno, dicevano soltanto che adesso siamo nel 2000 e stiamo vivendo il passaggio, domani saremo in un certo modo perché abbiamo sperimentato una cosa e avremo un bagaglio diverso; e tutta questa sperimentazione durava appunto 25.625 anni, altro che un ciclo di vite per fare esperienze!

Loro vivevano all'interno del calendario che era la loro vita, perché era il momento in cui si rapportavano con il loro esterno e interno. Quindi quando parliamo di profezie Maya non esistono profezie, esistono delle previsioni, delle descrizioni di ciò che sta avvenendo e non di ciò che avverrà; è l'evoluzione dell'uomo, attraverso un ciclo che inizia, poi finisce, poi ricomincia un altro ciclo e così via.

Le date che adesso vi dirò rappresentano l'ultimo Katun, cioè gli ultimi venti anni. Per la precisione comincerò a raccontarvelo dal 13 Au otto Kauak, cioè dall'11 agosto 1999. Allora, secondo i Maya già dal 1992 l'umanità vive nell'ultimo Katun, un tempo molto importante, perché è il tempo della conclusione del ciclo, la fine dei famosi 25.625 anni, non la fine del mondo. In questo momento viviamo in un mondo di miseria, di odio e di schiavitù, soprattutto morale, psichica, materiale. Questo momento di schiavitù terminerà quando finisce l'ultimo Katun, cioè sabato 22 dicembre 2012. Quel giorno è finito questo ciclo in cui noi stiamo vivendo, momento di odio e di paura. Entro questa data, secondo certuni, avremmo dovuto fare in modo di ritornare a essere uomini pensanti. L'uomo, a dire di taluni, dovrà rivoluzionare se stesso, il proprio pensiero e reintegrarsi in questa musica cosmica a tempo, in modo tale da mettersi in armonia con l'universo. Dovrà comprendere che il tutto è vivo e che egli è parte del tutto.

Quest'ultimo tempo di venti anni è chiamato [dai Maya] "il tempo del non tempo", perché è il periodo in cui siamo nel momento in cui non è giorno ma nemmeno notte: è prima dell'alba.

In questo periodo apparirà una cometa o un asteroide e sarà molto dannosa per l'umanità. Tale cometa e/o asteroide potrebbe impattare con la Terra.

Gli astronomi inglesi hanno dichiarato di aver costituito una task force d'esperti, affinché "nel caso" e "per ipotesi" che un asteroide venisse dall'universo per impattare sulla Terra, dei missili sarebbero pronti a partire per distruggerlo; gli americani sono già 7-8 anni che hanno questa task force alla NASA [da cui il film "Armageddon"]. Tutti sono in allerta perché è possibile che ci sia un asteroide o una cometa che possa impattare sulla Terra.

Sembrerebbe che esista una fascia di asteroidi che si sta avvicinando molto pericolosamente alla Terra, e che con probabilità discutibili, che vanno dal 20% al 75%, una parte di essa potrebbe impattare sulla Terra.

Qualunque cosa ci accadrà, di certo, ci cambierà per sempre.

Ci estingueremo forse come i dinosauri, come accadde sessantacinque milioni di anni fa, a seguito di un violento impatto tra un asteroide e il pianeta?

Nessuno di noi lo sa.

Se le tracce delle antiche civiltà che ci hanno preceduti sono giunte sino a noi poiché annotate su supporti in pietra, indistruttibili e che hanno sfidato i secoli, non si è certi che la stessa cosa possa accadere anche alla nostra civiltà, tecnologicamente avanzata, che ha conquistato lo spazio fra il 1957 ed il 1975, qualora dovesse essere spazzata via dalla faccia della terra in seguito ad un impatto astronomico.

La Terra ha avuto durante la sua storia periodi di bruschi e catastrofici cambiamenti; alcuni sono stati causati da impatti di asteroidi e comete con il nostro pianeta. Qualcuno di tali impatti ha provocato sconvolgimenti climatici di grande portata e l'estinzione di un gran numero di specie animali e vegetali.

Questo cambiamento di visione della storia della Terra è emerso solo recentemente, principalmente a causa della mancanza di prove dirette e della difficoltà nel riconoscere le tracce di antichi impatti a causa dell'erosione.

Eventi su larga scala tali da produrre crateri come il cratere Barringer, localmente conosciuto come Meteor Crater, situato a Nord-Est della città di Flagstaff, in Arizona sono rari.

Inoltre si è ritenuto a lungo che i crateri sulla Terra fossero esclusivamente di origine vulcanica: il cratere Barringer, per esempio, è stato a lungo considerato causato da un'esplosione vulcanica preistorica, un'ipotesi non del tutto irragionevole, in considerazione che il vulcano San Francisco Peaks, è situato a soli 48 km a Ovest. In maniera similare i crateri della superficie lunare erano considerati di origine vulcanica.

È stato soltanto nel 1903-1905 che il Meteor Crater è stato correttamente identificato come un cratere di origine meteoritica, e solo dal 1963 gli studi condotti da Eugene Merle Shoemaker hanno definitivamente provato questa ipotesi.

Le scoperte avvenute alla fine del XX secolo con l'esplorazione dello spazio e il lavoro di ricercatori come Shoemaker hanno dimostrato che il processo di craterizzazione è il più potente processo geologico che ha agito sui corpi con superficie solida del Sistema Solare. Asteroidi con un diametro di circa 1 km colpiscono la Terra in media ogni 500.000 anni, mentre grandi collisioni con oggetti di 5 km (con un volume circa 100 volte superiore al precedente) accadono approssimativamente ogni dieci milioni di anni. Esiste almeno un asteroide "pericoloso" noto, con un diametro superiore al chilometro, e si tratta di (29075) 1950 DA, che ha una discreta possibilità di colpire la Terra il 16 marzo dell'anno 2880. Gli è stato assegnato un rischio pari a 2 nella Scala Torino.

GLOSSARIO

Clipeologia. Quella degli UFO nell'antichità è una teoria ufologica che, studiando opere e reperti antichi, punta a ricercare eventuali contatti di extraterrestri con la specie umana durante epoche passate. Tale campo d'indagine è anche detto dagli ufologi clipeologia (dal latino clipeus, disco o scudo rotondo: clipeo), o paleo ufologia o archeologia spaziale, a imitazione di discipline scientifiche riconosciute. Questo tipo di teorie non sono invece riconosciute dalla comunità scientifico-accademica, mentre hanno registrato un certo seguito nella letteratura popolare. L'archeoastronomia è la combinazione di studi astronomici e archeologici.

L'archeoastronomia si avvale dell'uso di documentazioni storiche, precedenti l'origine della moderna disciplina astronomica, per studiare antichi eventi astronomici. Per favorire una migliore comprensione della documentazione storica l'archeoastronomia fa uso anche di conoscenze astronomiche attuali.

La teoria degli antichi astronauti, o teoria del paleocontatto, o paleo ufologia è l'insieme di quelle idee, sviluppate a partire dalla metà del Novecento, che ipotizzano il contatto di civiltà extraterrestri con le antiche civiltà umane quali Sumeri, Egizi e civiltà precolombiane. Questo genere di teorie non sono in generale accettate a livello scientifico-accademico, con alcune eccezioni (un esempio, l'astronomo e matematico Josef Allen Hynek), e sono spesso fatte rientrare nel più vasto campo speculativo della controversa pseudo-archeologia o "archeologia misteriosa".

La xenoarcheologia o esoarcheologia, detta anche archeologia spaziale, è una disciplina scientifica ipotetica, principalmente presente nella fantascienza. È ipotizzata come un settore dell'archeologia che avrebbe come oggetto i resti materiali di civiltà aliene e come campo di azione corpi celesti come asteroidi o altri pianeti. Non va confusa con l'archeoastronomia, che è invece l'attuale disciplina che studia le concezioni che le antiche civiltà avevano dei fenomeni astronomici. Il concetto di xenoarcheologia è analogo a quello di "xenobiologia" (o esobiologia, che tuttavia costituisce anche un campo speculativo della biologia reale), o di "xenolinguistica". Un esempio di xenoarcheologia è rappresentato nella seconda parte del film 2001: Odissea nello spazio, quando sulla superficie lunare si ha il ritrovamento di un grande monolito nero sotterrato ad arte in tempi remoti. Tra gli autori di fantascienza che si sono particolarmente concentrati sul tema dell'archeologia spaziale, è possibili citare Jack McDevitt. Anche vari autori legati all'ufologia hanno scritto su questo tema, soprattutto in relazione alla controversa teoria degli antichi astronauti.

LINKOGRAFIA

Omero, *Iliade*. (La traduzione è presente su Wikisources)

http://it.wikipedia.org/wiki/Mitologia_greca;

Eschilo, *I Persiani*. Traduzione italiana integrale su www.miti3000;

Eschilo, *Prometeo incatenato*. Traduzione italiana integrale su www.miti3000;

http://youtu.be/YapR2JvQw-o;

http://it.wikipedia.org/wiki/Mars_Odyssey;

http://it.wikipedia.org/wiki/Programma_Apollo;

http://it.wikipedia.org/wiki/Linee_di_Nazca.

http://it.wikipedia.org/wiki/Teotihuacán;

http://youtu.be/dx1cBBGS1GY;

http://jqjacobs.net/mesoamerica/teo_murals.html.

http://youtu.be/fJfv52E3QoY;

http://it.wikipedia.org/wiki/G%C3%B6bekli_Tepe;

http://www.ditadifulmine.com/2010/02/gobekli-tepe-archeologia-sconvolta.html;

http://it.wikipedia.org/wiki/Era_Glaciale;

http://it.wikipedia.org/wiki/Mesolitico;

http://it.wikipedia.org/wiki/Sumeri;

http://it.wikipedia.org/wiki/Mezzaluna_fertile.

http://www.archaeogate.org/egittologia/article/192/1/tu
tankhamon-e-loro-dei-faraoni-di-alfredo-e-angelo-
cast.html;

http://it.wikipedia.org/wiki/Zecharia_Sitchin;

http://www.sitchin.com/;

http://it.wikipedia.org/wiki/El_Dorado;

http://it.wikipedia.org/wiki/Muisca;

http://it.wikipedia.org/wiki/Conquistadores;

http://www.lescienze.it/news/2002/02/11/news/l_oro_
degli_egizi-589965/.

http://it.wikipedia.org/wiki/Starchild;

http://www.starchildproject.com/;

http://www.archaeogate.org/;

http://it.wikipedia.org/wiki/Zecharia_Sitchin;

http://www.sitchin.com/;

http://it.wikipedia.org/wiki/El_Dorado;

http://it.wikipedia.org/wiki/Muisca;

http://it.wikipedia.org/wiki/Conquistadores;

http://www.lescienze.it/;

http://www.altrogiornale.org/news.php?extend.77;

http://it.wikipedia.org/wiki/Oopart;

http://www.talkorigins.org/faqs/paluxy/onheel.htmlhtt p://www.talkorigins.org/faqs/paluxy.html;

http://www.archive.org/stream/recentinvestigat00sincric h/recentinvestigat00sincrich_djvu.txt;

http://it.wikipedia.org/wiki/Titicaca;

http://www.perugiainrete.it/;

http://www.labyrinthina.com/amaru.htm;

http://www.yurileveratto.com/it/articolo.php?Id=60;

http://www.robertschoch.net/Mystery%20of%20Marka wasi.htm;

http://www.latelanera.com/misteriefolclore/misteriefolcl ore.asp?id=131;

BIBLIOGRAFIA

Robert Graves, *I miti greci*, Longanesi, 1954, pp. 720.

Bruit Zaidman, L. - Schmitt Pantel, P. (1992, 2004²).*La religione greca*. Roma-Bari, Laterza.

Burkert, Walter (2003). La religione greca di epoca arcaica e classica. Milano, Jaca Books.

Buxton, R. (1997). La Grecia dell'immaginario. Firenze, La Nuova Italia.

Carassiti, Anna Maria (2001). Dizionario di mitologia greca e romana. Roma, Newton Compton.

Colli, Giorgio (1995). La sapienza greca. Vol I, Dioniso - Apollo - Eleusi - Orfeo - Museo - Iperborei - Enigma. Adelphi ISBN 88-459-0761-9

A. Ferrari, *Dizionario di mitologia greca e latina*, Torino, UTET, 1999. ISBN 88-02-05414-2

Grimal, Pierre (2001). Mitologia. Garzanti.

Lekowitz, M. (prossima uscita). Quel che possiamo imparare dai miti greci. Torino, UTET.

Sena Chiesa, Gemma (a cura di) (2006). Il mito oltre il mito. Milano, Viennepierre.

Strauss, Barry (2007). La guerra di Troia, Laterza ISBN 978-88-420-8130-2 (Edizione originale: (EN) The Trojan War. A New History. 2006, Simon & Schuster, New York ISBN 0-7432-6441-X)

David Hatcher Childress, *Lost cities of Atlantis, ancient Europe & the Mediterranean*, Adventures Unlimited Press, 1996. ISBN 0932813259.

Out Of Place ARTifact di Stefano Bagnasco.

Stefano Bagnasco, Andrea Ferrero e Beatrice Mautino, Sulla scena del mistero. Guida scientifica all'indagine dei fenomeni inspiegabili, Milano, Sironi, 2010. ISBN 978-88-518-0134-2.

Andrew O'Hehir. *Archaeology from the dark side*. Salon.com, 31 agosto 2005.

"The Antikythera Mechanism Research Project", The Antikythera Mechanism Research Project. Retrieved 2007-07-01 Quote: "The Antikythera Mechanism is now understood to be dedicated to astronomical phenomena and operates as a complex mechanical "computer" which tracks the cycles of the Solar System."

Nicholas Paphitis. «Experts: Fragments an Ancient Computer». *The Washington Post*, 1 dicembre 2006.

Cremo. M.A., Thompson, R.L. (1994-1997) Utensili nel Neolitico nella corsa all'oro in California: Archeologia Proibita: la storia segreta della razza umana. Pgg. 138-145

Becker, G.F. (1891) Antiquites from under Tuolomne Table Mountain in California, in Bullettin of the Geological Society of America, 2: 189-200.

Sinclair, W.J. (1908) Recent investigation bearing on the question of the occurence of Neocene man in the auriferous gravels of the Sierra Nevada, University of California Pubblications in American Archeology and Ethnology, 7 (2):107-131.

Mortar and pestle from Tuolomne, California (USA).

Fiebag J., Das Raetsel der Ediacara-Fauna (The puzzle of the Ediacara Fauna): Daeniken E.v. (Ed.) Kosmische Spuren, Munich, 1988.

Fiebag J., Das Genesis-Projekt, in: Dopatka, U. (Ed.) Sind wir allein? (Are we alone?), Duesseldorf 1996

Hausdorf H. Wenn Goetter Gott spielen (When Gods play God), Munich, 1997.

Ouvarov V. Personal letter to H. Hausdorf of 2 October 1996.

Discussione sugli oggetti rinvenuti a Narada sul sito del CICAP.

J. Lusby. Wan A. «1998 Discovery of Millennia-Old Spacecraft Launch Pad in China?».*City Weekend*, July 18-July 31, 2002.

Peter Kolosimo, Non è terrestre, Sugar Editore, 1974.

A metallic vase from Dorchester (Massachusetts, USA)

Cairncross, B., 1988, "Cosmic cannonballs" a rational explanation: The South African Lapidary Magazine. v. 30, no. 1, pp. 4-6.

Heinrich, P.V., 1997, Mystery spheres: National Center for Science Education Reports. v. 17, no.1, p. 34. (January/February 1997)

Heinrich, P.V., 2007, South African concretions of controversy: South African Lapidary Magazine. vol. 39, no. 1, pp. 7-11.

Heinrich, P.V., 2008, The Mysterious "Spheres" of Ottosdal, South Africa. National Center for Science Education Reports, v. 28, no. 1, pp. 28-33.

The Dinosaur Figurines Of Acambaro, Mexico. World Site of Dinosaur Figurines of Mexico, 27 luglio 2003.

Claim CH710.2. TalkOrigins Archive, 27 luglio 2003.

Krassa. P, Als die Gelben Götter kamen – München, 1973.

Hausdorf, H, Lecture at Lucy & Orlando Pla House in San Juan, Puerto Rico, 1997.

Hausdor. H, The Chinese Roswell: UFO encounters in Far East from Ancient Time to the Present, Pag 8,29,32,34-36,39,40,42,73 – New Paradigm Book.

Fortean Times 75 (1995), page 57.

M.Cremo, R.Thompson, Archeologia proibita, Newton Compton, ISBN 88-8289-768-0.

G. De Santillana, H. von Dechend, Il mulino di Amleto, Adelphi, ISBN 88-459-1788-6.

G. Hancock, Impronte degli dèi, Corbaccio, ISBN 88-7972-201-8.

Stiebing J., William H., Antichi astronauti. Dalle pile di babilonia alle piste di Nazca, Avverbi.

Fuso Silvano, Pinocchio e la scienza. Come difendersi da false credenze e bufale scientifiche, Dedalo.

Feder Kenneth L., Frodi, miti e misteri. Scienza e pseudoscienza in archeologia, Avverbi.

Robèrto Giacobbo, *2012. La fine del mondo?*, Milano, Mondadori [2009], ISBN 9788804586333.

Lawrence E. Joseph, Apocalisse 2012. Un'indagine scientifica sulla fine della civiltà, Corbaccio [2008], ISBN 9788879728096.

Adrian G. Gilbert, Maurice M. Cotterell, Le profezie dei Maya. Alla scoperta dei segreti di una civiltà scomparsa, Corbaccio [2004], ISBN 8879726404.

Riccardo Deias, Guardando la fine del mondo, Kimerik [2006], ISBN 9788860960191.

Patrick Geryl, Sopravvivere al 2012. La rinascita di una nuova civiltà, Macro Edizioni [2008], ISBN 8879726404.

AA. VV. Il mistero del 2012. Cataclismi e sconvolgimenti naturali o l'alba di una nuova umanità? Predizioni, profezie e possibilità, Il Punto d'Incontro [2008], ISBN 8879726404.

Simone Marini, La via, la verità e la vita. L'arte, Gruppo Albatros Il Filo [2007], ISBN 9788878428393.

Drunvalo Melchizedek, Il Serpente di Luce - Oltre il 2012, Macro Edizioni [2008], ISBN 9788875079376.

Huarache Mamani Hernan, Negli occhi dello sciamano, Piemme [2007], ISBN 9788838471964 .

Sabrina Mugnos, I maya e il 2012. È possibile prevedere la fine del mondo. Un'indagine scientifica, Macro Edizioni [2009], ISBN 9788862290258.

Whitley Strieber, *2012 l'Apocalisse*, Roma, Newton Compton Editori, maggio 2009. 326 pp. ISBN 9788854114104.

BIOGRAFIA DELL' AUTORE

Francesco **TOSCANO** nasce a Palermo il 21.03.1969. Diplomatosi all'I.T.I.S. *"A. Volta"* di Palermo nel 1988, nel 1994 si arruola nelle FF.AA. dello Stato. Oggi vive e lavora nella ridente cittadina di Monreale (Pa), dopo aver girovagato, per motivi di lavoro, l'Italia dal Nord al Sud. Abituato giornalmente a rapportarsi con la scrittura e a far comprendere a terzi il suo pensiero, al solo fine di confutare tutti gli elementi raccolti quotidianamente e che possano corroborare la tesi sostenuta dal suo ufficio, è alla sua seconda esperienza letteraria con il libro dal titolo ***"Gli antichi astronauti: dèi per il mondo antico, alieni per quello moderno."***, dopo aver pubblicato, unitamente al cognato Enrico Messina, il libro dal titolo *"**A proposito degli alieni....**"* con la casa editrice italiana Photocity.it e la statunitense lulu.com, rispettivamente nel mese di Maggio del 2012 e nel mese di Marzo del 2012. In questi ultimi anni, oltre ad eseguire con professionalità e abnegazione la sua ordinaria attività lavorativa, si è dedicato con fervore a far conoscere al mondo le bellezze della sua terra natia, la sua storia, gli usi e costumi, divenendo nel tempo un blogger e un webmaster.

www.ingramcontent.com/pod-product-compliance
Lightning Source LLC
Chambersburg PA
CBHW061315280526
45784CB00002B/991